図解 Schematic

鬼速《ずかいおにそく》PDCA

ONI SOKU

PLAN 計画

DO 行動

CHECK 検証

ADJUST 調整

冨田和成
TOMITA KAZUMASA

CROSSMEDIA PUBLISHING

はじめに

なぜ、いまPDCAなのでしょうか？

正解だと思ったものが次の日には陳腐化するような激動の時代に入り、個人や企業に求められるのは「特定の専門性」や「強さ」といったものではなく、変化に柔軟に対応できる能力へと変わりました。

加えて、働き方改革や生産性ブーム、はたまた個人の時間を売るサービスの登場に見られるように、時間に対する価値にスポットライトが当たるようになり、限られた時間で成果を出すことが今まで以上に求められるようになりました。いずれのニーズに対しても普遍的、かつ強力な武器となりうるのが、この本で取り上げるPDCAです。

PLAN、DO、CHECK、ACTIONというサイクルを回し続けることで課題解決に近づくこのフレームワークは、一部のビジネスパーソンにとっては「新人研修で習う社会人の基礎」であり「少し古臭いもの」と感じられるかもしれません。

しかし、実際には今でも成長を続けるトヨタのような大企業はPDCAにこだわり続けています。

もしくはスタートアップ企業にとっての定石であるリーンスタートアップモデルにせよ、アジャイル開発モデルにせよ、「仮説と実行と検証を高速で回す」という意味ではＰＤＣＡそのものです。

ここで強調しておきたいポイントは、ＰＤＣＡは概念として一般化できるフレームワークであると同時に、実際にどんな課題を対象にして、どうやってサイクルを回すかはかなり自由だということです。自由だからこそＰＤＣＡにこだわる個人や企業は「ＰＤＣＡの回し方自体」を進化させ続け、圧倒的な成果を出し続けることができるのです。

そういう意味では、この本で紹介する「鬼速ＰＤＣＡ」とは私なりに行き着いたＰＤＣＡの究極系です。ＰＤＣＡをテーマにした本で、ここまで細かいところまで手順を言語化したものはないと自負しています。なぜそこまで言い切れるかというと、この本で書かれていることは机上の空論でも理想論でもなく、実際に私が社会人になって以来、一日足りとも欠かさずＰＤＣＡを回しながら必死にブラシュアップしてきた仕組みそのものだからです。

なお「鬼速」とは私の造語で、単に仕事を高速で進められるようになるだけではなく、最短距離でゴールに到達できるようになるのが特徴です。私が代表を務めるＺＵＵの行動指針でもあり、テクノロジー企業の成長率を集計した「第14回デロイト・トウシュ・トーマツ・リミテッド日本テクノロジー50」にて当社が1位を獲得でき、２０１８年6月には創業5年目で上場が決まったことから、私がやってきたことが間違っていなかったということが少し証明できたと思います。

本書のベースとなっている『鬼速ＰＤＣＡ』は２０１６年秋に発売されました。おかげさまで今では仕事術の定番書となり、多くのビジネスパーソンに愛読していただいています。本書はその図解版として、ビジュアルを多用し、ぎゅっと濃縮した内容へと再編集されています。すでに前著をお読みの方も、この図解版で重要な部分を繰り返し確認して、鬼速ＰＤＣＡの定着度アップに活用していただければという想いを込めて、本書では重要なポイントだけをシンプルにまとめてあります。

ただし、今回は図解版という形式ながら、私から編集者の方へ無理を言って、新たな章として「継続力」について追記させてもらいました。実は前著のレビューで「継続が難しい」という声を多くいただいたからです。本を書くという大きな責任を背負うからには読者の方の「明日」を少しでも変化させないと意味がないと思っています。この本がみなさまのお役に立てば幸いです。

冨田和成

図解 鬼速PDCA

CONTENTS

3章 実行編
予定通りにやり切る行動力の正体

CONTENTS

6章 チームで実践する鬼速PDCA

7章 鬼速を習慣化するための最強の仕組み

1章

最短距離を最速で進む「鬼速PDCA」

仕事に役立つ PDCA をさらにパワーアップさせた、圧倒的なスピードで成果を出す鬼速 PDCA。まずはその効果と魅力を図でわかりやすく紹介します。

鬼速
PDCAとは?
1

圧倒的なスピード感を実現するメソッド

今のように**変化のスピードが速い時代、それに対応するには、PDCAを高速で回すことが不可欠**です。すなわち、計画を立て、実行に移し、素早く検証する。一見、当たり前のようですが、できていないケースは多いでしょう。

例えば、一般企業でよくあるのが、週に一度チームミーティングをして各自報告し合う会議です。進捗状況を報告し、「引き続き頑張りましょう」と言って終わります。

しかし当社では、「**半週ミーティング**」といい、週2回・およそ3日ごとの頻度でそれを行っています。内容も、単に報告し合うものではなく、課題解決を前提とした会議です。

メンバーの行動目標をミーティングに合わせて半週ごとに区切ってあり、行動目標も数字で追っています。そして、数値目標が未達であったものについてはその要因や課題を共有し、参加者全員で手を差し伸べ、次のサイクルに活かします。

これを、高速を超える鬼速で回し続けることで、圧倒的なスピードで成長することができるのです。起業後はもちろんのこと、私が野村證券時代に数々の最年少記録を残せたのも、すべてPDCAを鬼速で回したおかげです。

個人でPDCAを回す場合も同様です。検証に当たる「振り返り」は重要。私は、どれだけ遅く帰っても毎晩必ずその日の行動を振り返って紙に書いてきました。PDCAのテーマは、営業目標だったり、ビジネススクールに行くことであったり、さまざまでした。

本気で成し遂げたいことがあったら、チームでも個人でも、その都度PDCAを回し続けてきたのです。

最初は小さくも粗くてもいい。**大事なのは、実際にやってみて感覚を掴み、そして継続すること**です。

鬼速？ ノロノロ？ あなたのPDCAはどっち？

PDCAを
1つだけ回す

PDCAを
ゆっくり回す

PDCAを
順番通り回す

PDCAを回しているつもりでも
なかなか成果が出ない

PDCAを
同時にいくつも回す

PDCAを
高速（鬼速）で回す

PDCAを
何度も回す

圧倒的な回転スピードで成果につながる
＝
鬼速PDCA

鬼速
PDCAとは?
2

個別のスキルよりまずPDCA力を!

PDCAはどんなテーマにも応用することができます。叶えたいテーマが上司や部下の関係を良くする、人脈を増やす、プレゼン技術を高めるなど、なんでもいいのです。

その意味では、**若い世代こそPDCAを回す力を身につけるべき**でしょう。しかし実際は、若いビジネスパーソンほど、1日でも早く成果を出そうと、英語やコミュニケーションスキルなど効果が見えやすい実用的なスキルの習得に躍起になります。そうしたことに手をつける前にPDCA力を身につけたほうが、中長期的に見れば、はるかに大きな効果をもたらすのです。

詳しくは次ページから解説しますが、PDCAはゴールまでの最短距離を探りながら前進を続けるフレームワークです。先にこの力を身につけたほうが、下の図で示したように勉強効率も経験効率もずっと上がるでしょう。

PDCAは、個別のスキル習得を加速させる

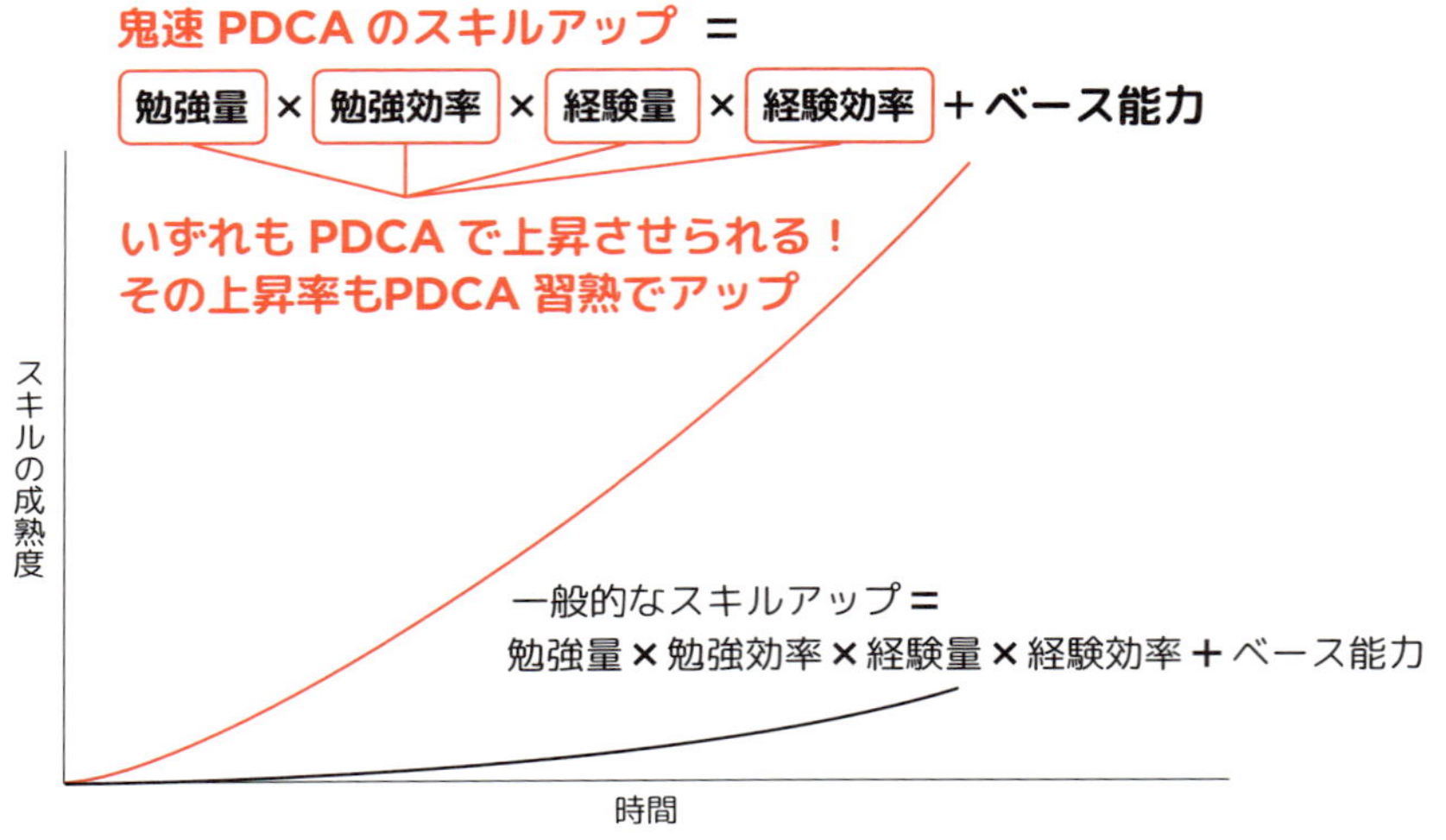

「最短距離を走る!」鬼速PDCAの哲学

「距離=速さ×時間」という式を思い出してみてください。距離を仕事の成果だと考えると、大半の組織は「最長距離」を目指すために「最速」かつ「最大時間」で組織を動かそうとします。しかし、そもそも最長距離を走ることは必須なのでしょうか?

鬼速PDCAでは「距離自体を縮められないか?」という発想を大切にします。わざわざ100キロ走らなくても70キロでゴールできるのだったら、そこをゴールに設定しようと考えることが「鬼速」の実現には重要だということです。スキルアップや効率化で速度を上げるのは当たり前。成果を出すのも当たり前。**さらにそこに「最短距離」という3つ目の概念が組織に浸透すると、その組織は「鬼速」で前に進むことができるのです。**このようなアプローチをとる組織はまだまだ少ないと思いますが、これこそ生産性向上に直結する要素なのです。

鬼速PDCAとは"最短距離"を"最速"で走るフレームワーク

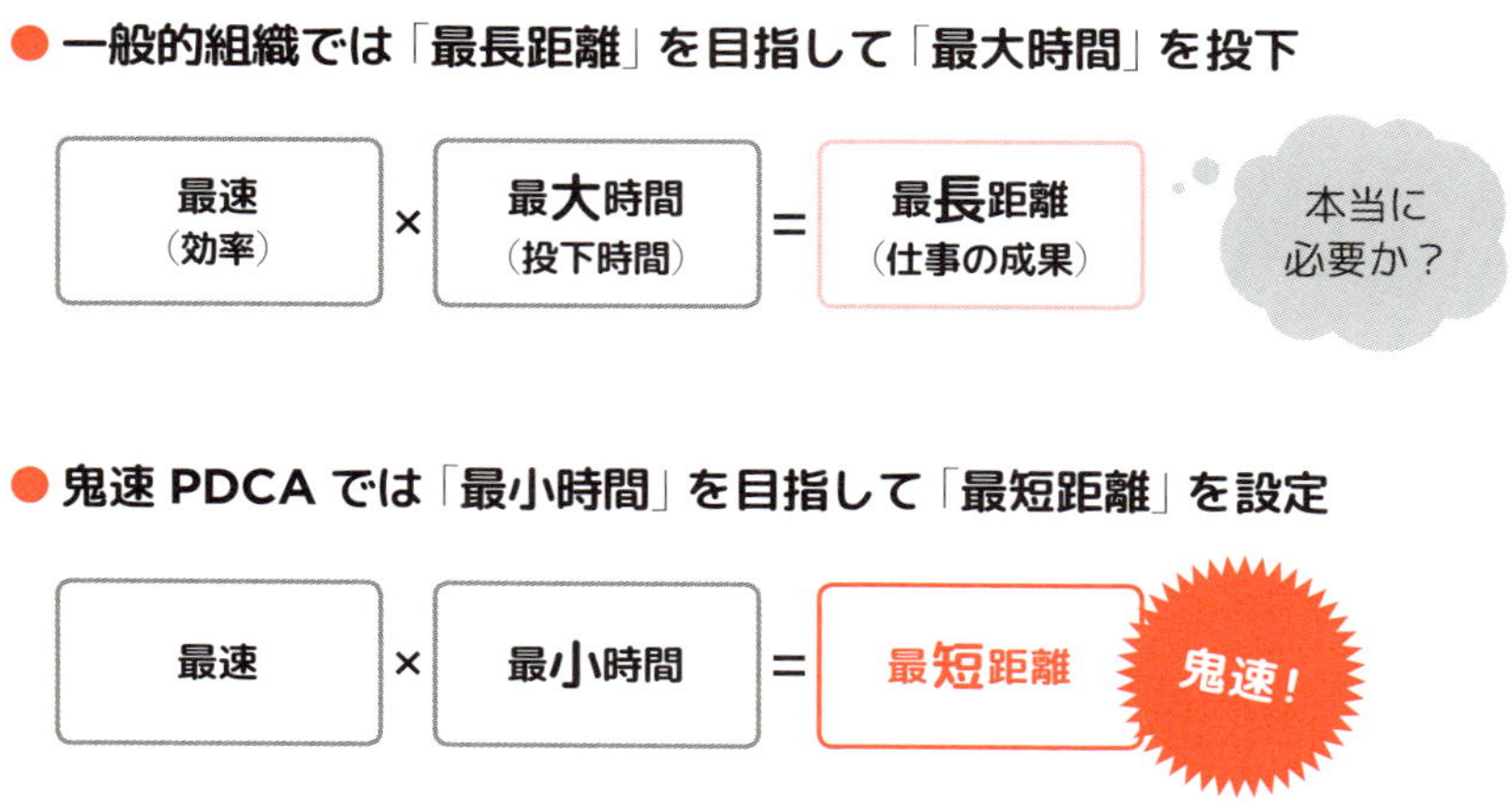

鬼速PDCAとは?4

成果までの距離は「仮説」で決まる

前のページの話をグラフで表すと、下の図のようになります。「成果までの距離」が縦軸（y）だとすると、**まずはその距離を短くできないか考えます。**そして実務の効率化や高速化ができないかを考え、グラフの傾き（a）を上げていく。すると結果的に成果を出すまでの時間（x）が短縮されるというわけです。

成果までの距離（y）を短くする決め手となるのは「計画」フェーズで立てる「仮説」です。例えば、ノルマが10億円の営業マンがいるとしましょう。現状の客単価が1000万円なので、100社の受注が必要だとします。普通にPDCAを回していくと、「どうやったら効率よく接触数を増やせるか」といったタスクの次元から思考をスタートさせてしまいます。それは決して悪いことではないのですが、鬼速PDCAの場合は、「そもそも客単価を1億にした方が早く

成果までの距離（y）、速度（a）、時間（x）の一次関数

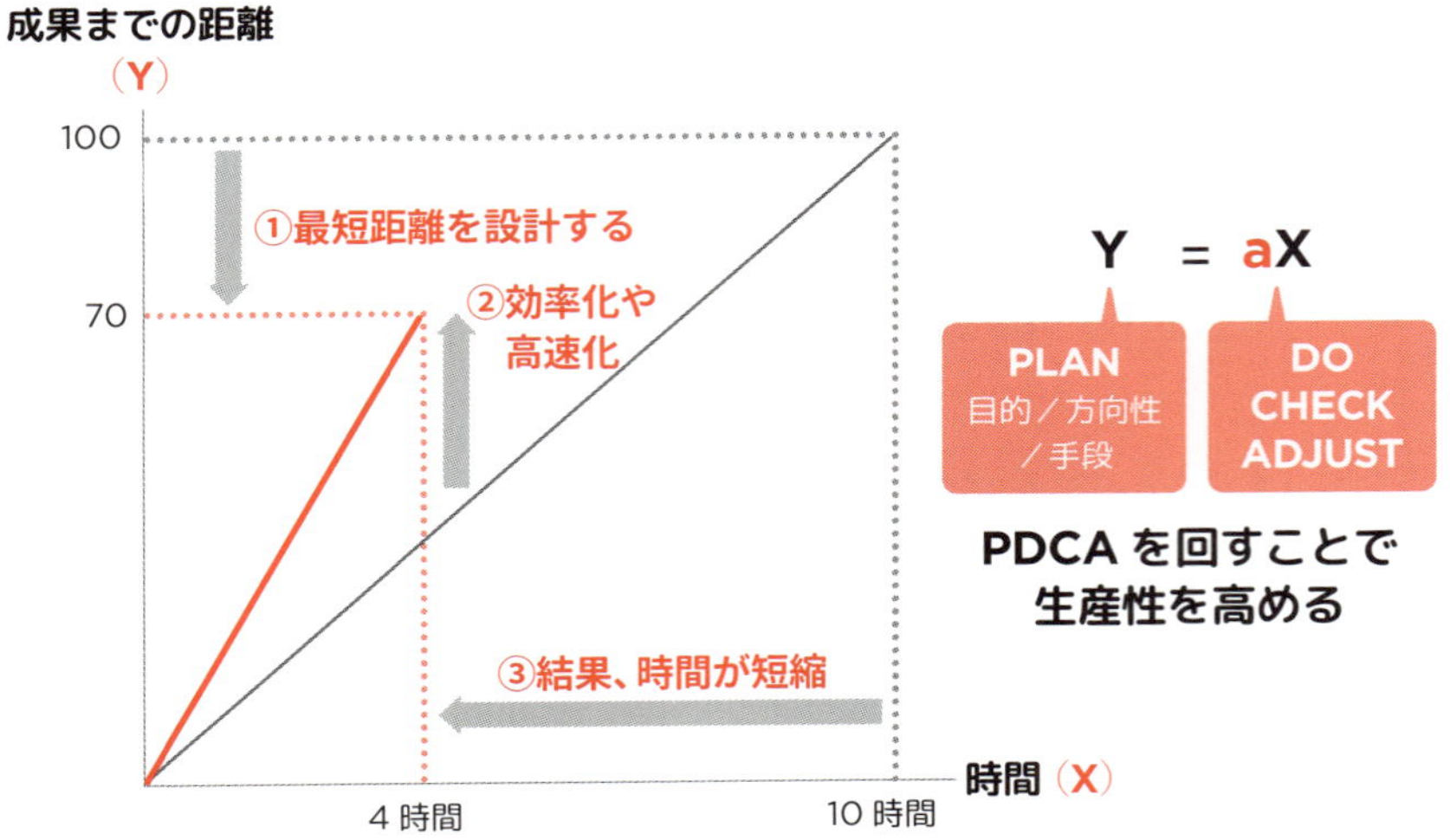

ないか？」というう仮説からスタートします。すると「そのためには顧客リストの作り方から変えないといけないな」と、上の次元の解決案を考えることができます。

最初から仮説を立てるメリット

考えた解決案が実現可能かどうかはケースバイケースだとしても、最初の計画段階から「最短距離」を設定できるかどうかが重要です。

繰り返しますが**ここで大切なのは「仮説」を立てることです。**仮説のない人は地図を持たないまま気合と根性で歩いているようなものですが、仮説という地図を持つことで、明確なゴールに向けての「最短距離に限りなく近いところ」で走り続けることができるのです。

仮説はPDCAを回すなかで修正することができるので、たとえ地図に若干のズレがあっても恐れることはありません。

仮説があると「最短距離に限りなく近いところ」を走れる

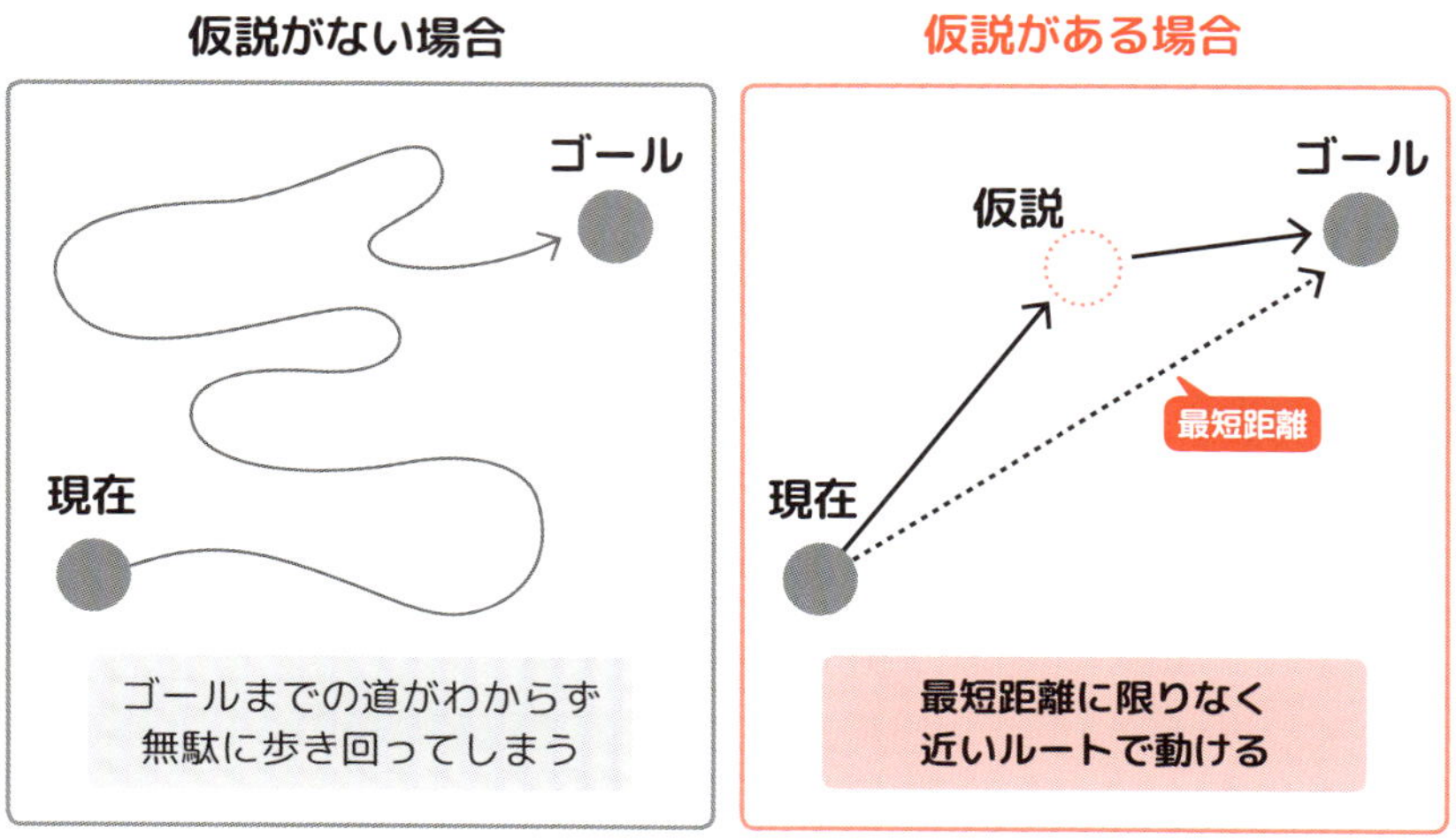

鬼速 PDCAとは? 5

失敗はウェルカム！悩む暇があるなら試す

仮説を土台とする鬼速PDCAの考え方はエリック・リース氏が『リーン・スタートアップ』（日経BP社）で提唱しているプロダクト開発のモデルに限りなく近いものです。すなわち、アイデアが湧いたら即座にプロトタイプを作り反応を見て、そこから得た学びを次のプロトタイプに活かすという一連のサイクルを高速で回すということです。**鬼速PDCAも「これかな？」という仮説を立てたら臆せず実行に移すという考え方**であり、「悩む暇があったら検証」「失敗はウェルカム」というのが基本姿勢です。

そのため、私は複数の仮説を同時に検証するいわゆる「ABテスト」も日常的に行っています（例えば、営業メールの文面を複数作って最も反応がいいものを探すなど）。特に経営課題のように答えが見えづらい課題ほど、こうした「学びを得るために行動を起こす」という姿勢が最速の成果をもたらすことが多いのです。

仮説で悩まずに検証することが最速への近道になる

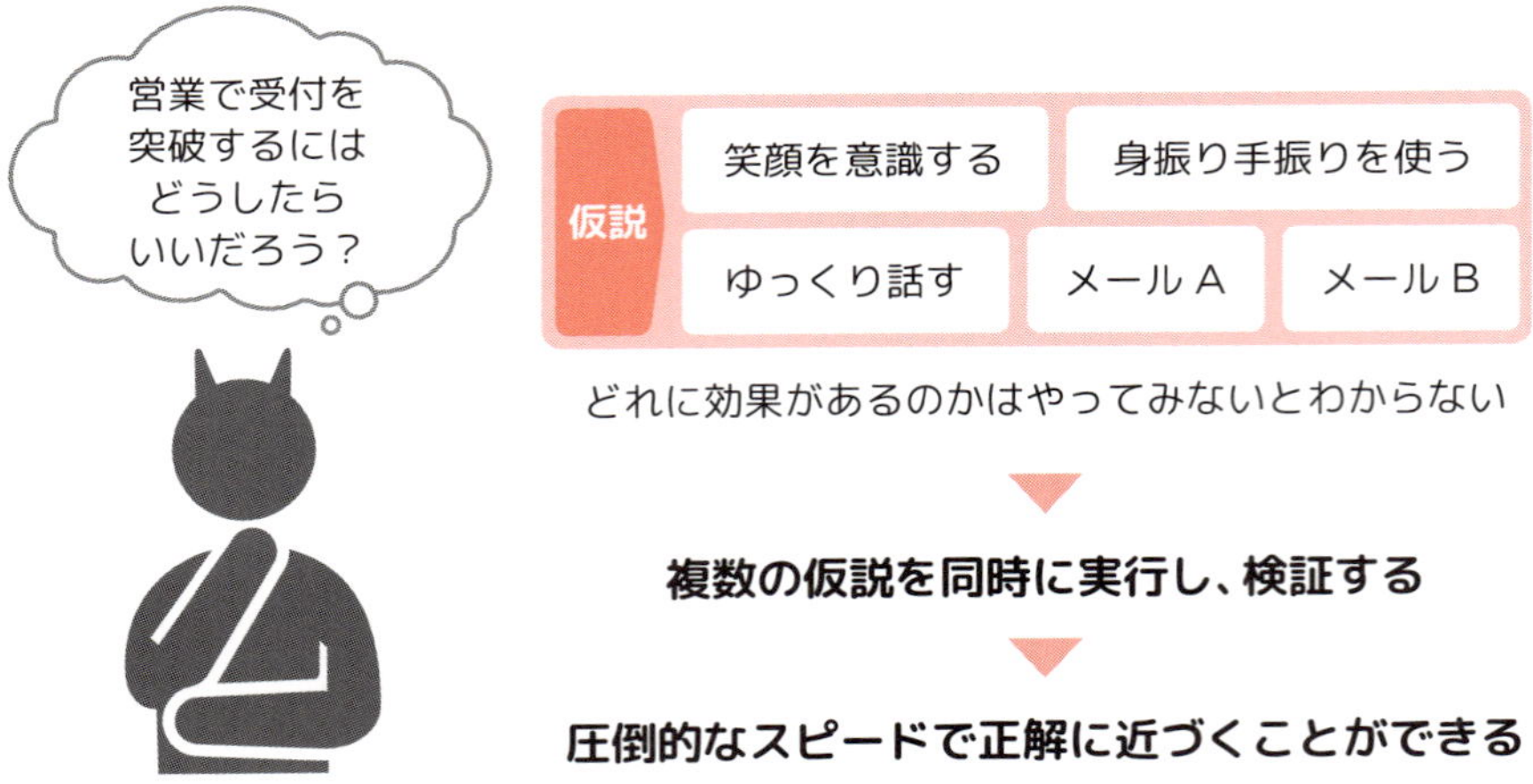
営業で受付を突破するにはどうしたらいいだろう？
仮説
笑顔を意識する
身振り手振りを使う
ゆっくり話す
メールA
メールB
どれに効果があるのかはやってみないとわからない
複数の仮説を同時に実行し、検証する
圧倒的なスピードで正解に近づくことができる

鬼速
PDCAとは?
6

「前進している自分」を実感でき、自信につながる

「PDCA」と「自信」の関係

恋愛でも趣味でも、人は誰しもPDCAを回した経験はあるはずです。恋愛なら、相手が喜んでくれそうなプレゼントを悩みに悩んで選んでみたりしたことはないでしょうか。こうした試行錯誤は「意中の人と結ばれる」というゴールに向けてPDCAを回している状態です。

大事なことはそれを仕組みとして習慣づけられるかどうかですが、ここで多くの人がたじろぎ、断念してしまいます。しかし「PDCA」と「自信」は鶏と卵の関係にあります。PDCAを回すと自信が湧き、自信が湧くからサイクルを続けられるのです。

やること全てに意味を持たせる

仮にそこまでの成果が出なくても、常にゴールと現状のギャップを把握しながら仮説を立て、実行と検証を繰り返していくわけですから、それだけでも「前進している自分」を実感でき、自信につながります。

自信とは本来、コツコツと積み上げていくものです。先月より筋肉がついた。いままで勝てなかった相手に勝った。入賞できた。優勝した。こういった自信の積み重ねがあるからこそ努力を続けることができるのだと思うのです。

もちろん、綿密に計画を立てても成果が出ないこともありますが、PDCAサイクルでの「失敗」は、その後の仮説精度を上げることにつながる立派な「成果」になります。PDCAはやること全てに意味を持たせる効果があるのです。

私がPDCAを「前進するためのフレームワーク」と評している理由はここにあります。**PDCAサイクルを回し続けている限り、その対象がなんであろうとゴールに到達するまでかならず前に進むのです。**

鬼速
PDCAとは?
7

不測の事態に直面しても乗り越えられる

私が鬼速PDCAを当社の企業文化の軸に据えたわけは、単に成長スピードが速まるという理由だけではありません。

どれだけ理路整然としたフレームワークやビジネスモデルであっても、それを実行するのは生身の人間です。

人間である限り感情の浮き沈みもあれば、不測の事態に直面したときにパニックになったり精神的に落ち込んだりすることもあります。そのときに**すぐに上を向いて、歩みを続ける原動力になるのがPDCA**だと思っています。

人が不安や疑問を感じ、歩みを止めてしまう原因は、左ページにも示したように次の3つに分けられます。

・「自分はどこへ向かおうとしているのか?」
（ゴールが見えない）

・「いまの努力は意味があるのだろうか?」
（道のりが見えない）

・「この方法のまま続けていていいのだろうか?」
（手段が見えない）

不安を抱いたまま全力で仕事に向き合うのは、なかなか難しいことです。**その点、PDCAを回していれば、計画フェーズで「ゴール」と「道のり」が明確になり、そして実行の段階で「手段」が決まります。**

普段からゴールを意識しながらPDCAを回していれば、壁にぶつかったとしても「打開策を考える」ことが当たり前のことになります。

壁を乗り越えた先にはゴールがあるとわかっていますし、壁にぶつかることで自分が前に進んでいたことを実感できるのです。このように障害を乗り越える経験を重ねると、そのうち、課題にぶつかることすら楽しくなってくるはずです。

鬼速PDCAを回すことで不安や疑問は取り除かれる

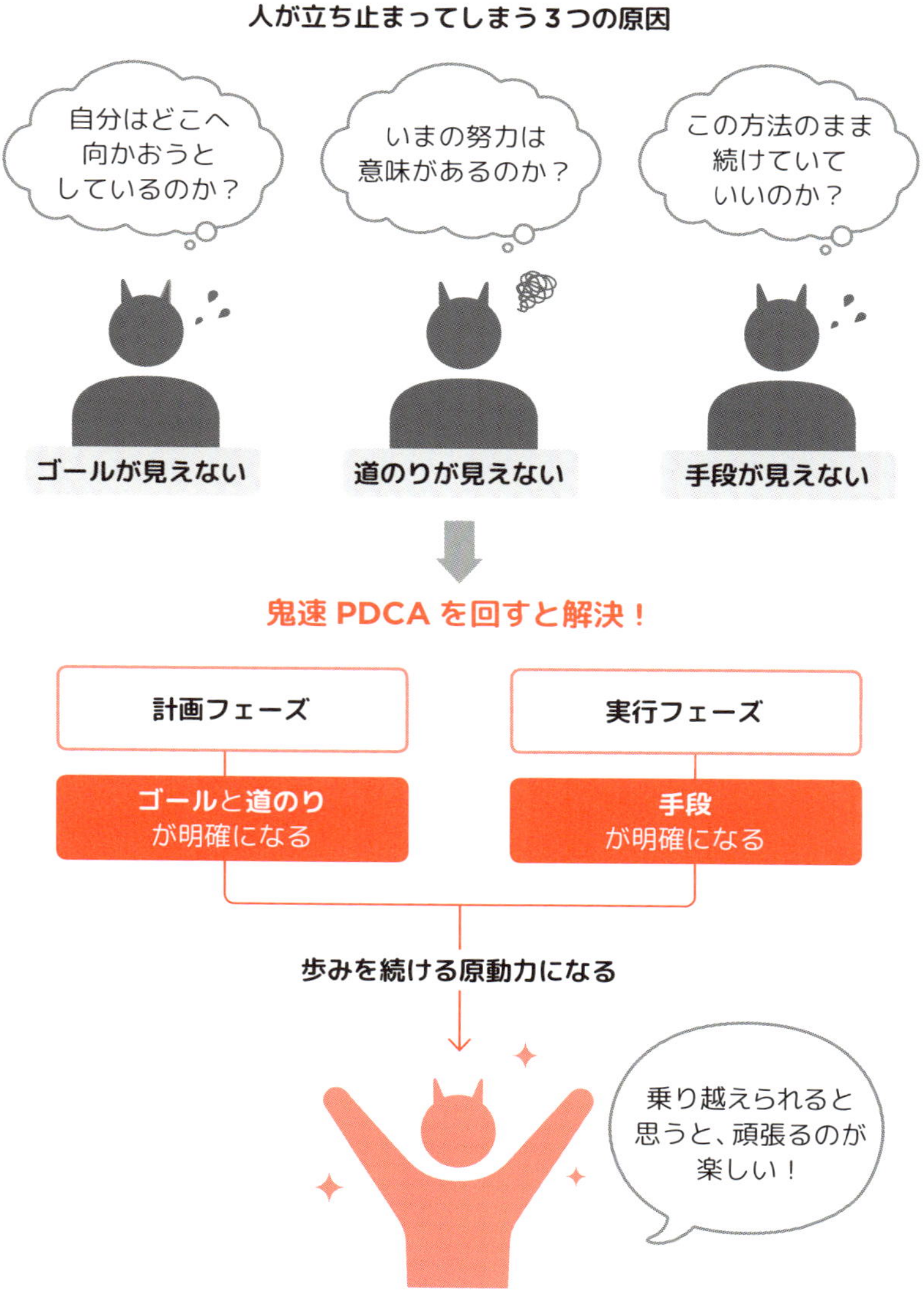

鬼速PDCAとは? 8

大、中、小……PDCAには階層がある

PDCAというと1つの目標に対して、1つの行動が回っている印象があるかもしれません。

しかし実際は、**PDCAには「階層」があります。私は上位で回っているものから順に、大PDCA、中PDCA、小PDCAと呼んでいます**（下図）。

例えば「5年以内に年収1000万円稼ぐ」とゴールを設定したとします。現状は500万円。そのギャップを埋めるためには様々な方法が見えてきます。例えば営業スキルを磨き、成績を上げ、完全歩合制の企業に転職するという方法。また、英語を学びMBAをとり外資系企業に入る方法もあるでしょう。前者の方法をとるなら、年収1000万円という大PDCAの下に、営業スキルを磨くという中PDCAが回る。スキルと言っても、会話力なのか提案力なのか、という小PDCAに分解されていきます。

大中小のPDCAをそれぞれ効率よく回すことが目標達成には不可欠なのです。

PDCAには大中小の階層があることを意識する

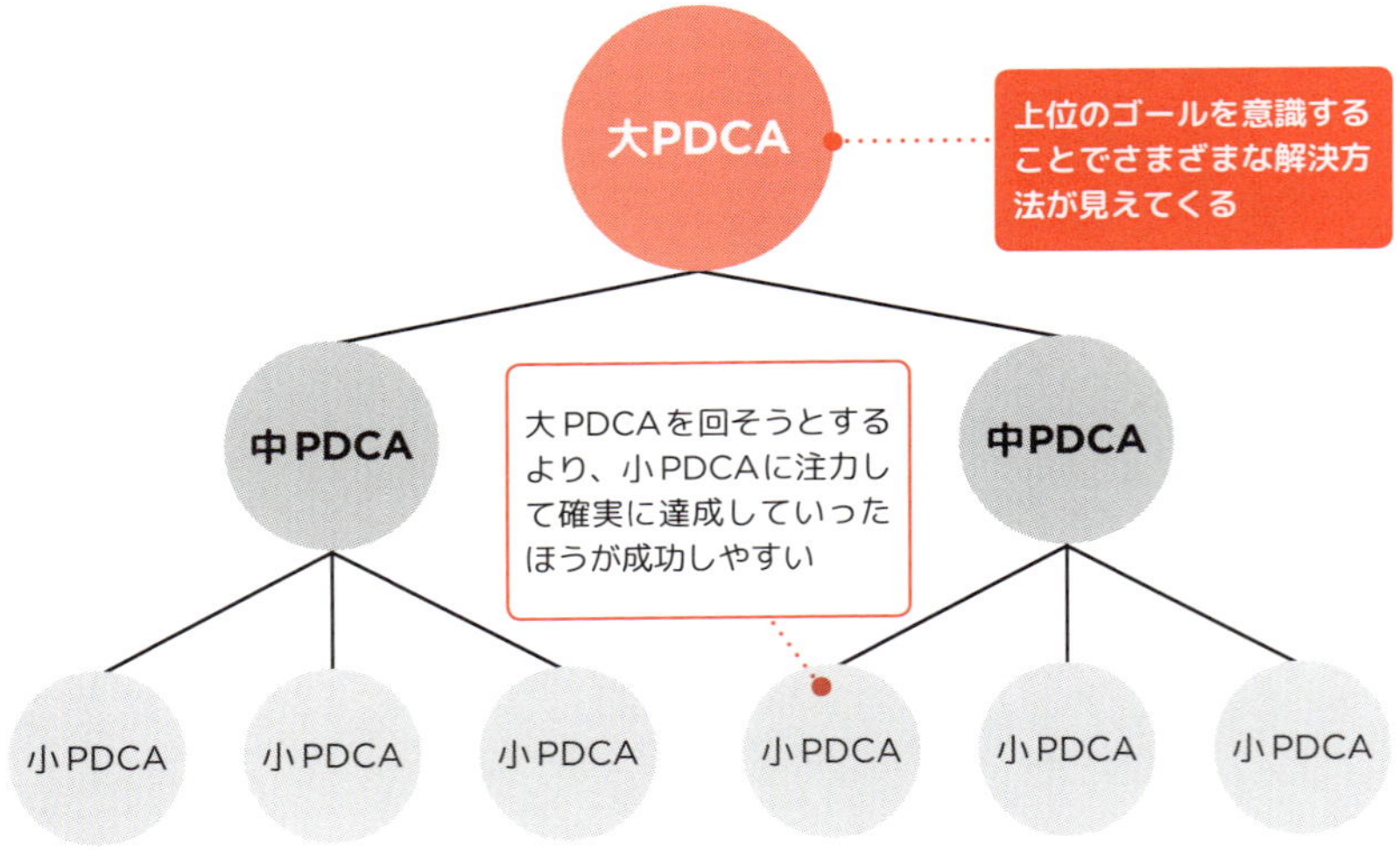

大PDCA
上位のゴールを意識することでさまざまな解決方法が見えてくる
中PDCA
大PDCAを回そうとするより、小PDCAに注力して確実に達成していったほうが成功しやすい
中PDCA
小PDCA
小PDCA
小PDCA
小PDCA
小PDCA
小PDCA

鬼速PDCAとは? 9

スムーズに実行(D)するために、頻繁に検証(C)する

1日の仕事内容を振り返ると、その多くをPDCAのうち「D(実行)」が占めているでしょう。この時間までにこれをやり、終わったら次はこれをやると決め、実行に次ぐ実行を繰り返しているはずです。

ということは、実行がうまくいかないとPDCAはストップしかねないわけです。そうならないためにも、**実行を妨げる「障害」や「無駄」を一刻も早く取り除く必要があります。**

そこで必要になるのが、「検証(CHECK)」の頻度です。本当にこのやり方でいいのか、何がうまくいかない原因になっているのかなどを、頻繁に検証することが大切です。

日々行っているタスクの進捗検証は毎日すべきですし、行動目標も数値化し、3日に1回は検証すべきです。この検証頻度の高さが鬼速PDCAを可能にします。

実行(DO)の検証頻度を上げることがゴールまでの近道

実行レベルでの
障害や無駄を早く発見
することが重要

検証(CHECK)は頻繁に行うべき

- 日々行なっているタスクの検証は毎日
- 行動目標も数値化し、3日に1回ペースで検証する

当社では、3日に1回の頻度で「半週ミーティング」を開き、検証を行うので日々の業務で立ち止まってしまうことはありません!

鬼速
PDCAとは?
10

改善（ACTION）ではなく調整（ADJUST）が大切

1章では、鬼速PDCAの基本概念を紹介してきました。これまで漠然とイメージしていたPDCAとの違いが、明らかになってきたのではないでしょうか。

鬼速PDCAを実現するには、Cにあたる検証頻度を高くすることが重要と説明しました。さらに、**本書では一般的に「改善（ACTION）」と呼ばれる4つ目のフェーズを「調整（ADJUST）」としています。**詳しくは5章で述べますが、「できなかったこと」を改善するだけでなく、「できたこと」の伸長案も考えて、次のサイクルでやるべきことを調整するのが、スピード感のある前進を可能にします。

これらの点を踏まえて、2章以降のPDCAの各段階における具体的なメソッドを習得してください。鬼速の鬼速たる所以がよくわかるはずです。

鬼速PDCAとは、PDCAを速く回すための具体的なメソッド

鬼速PDCAのサイクル

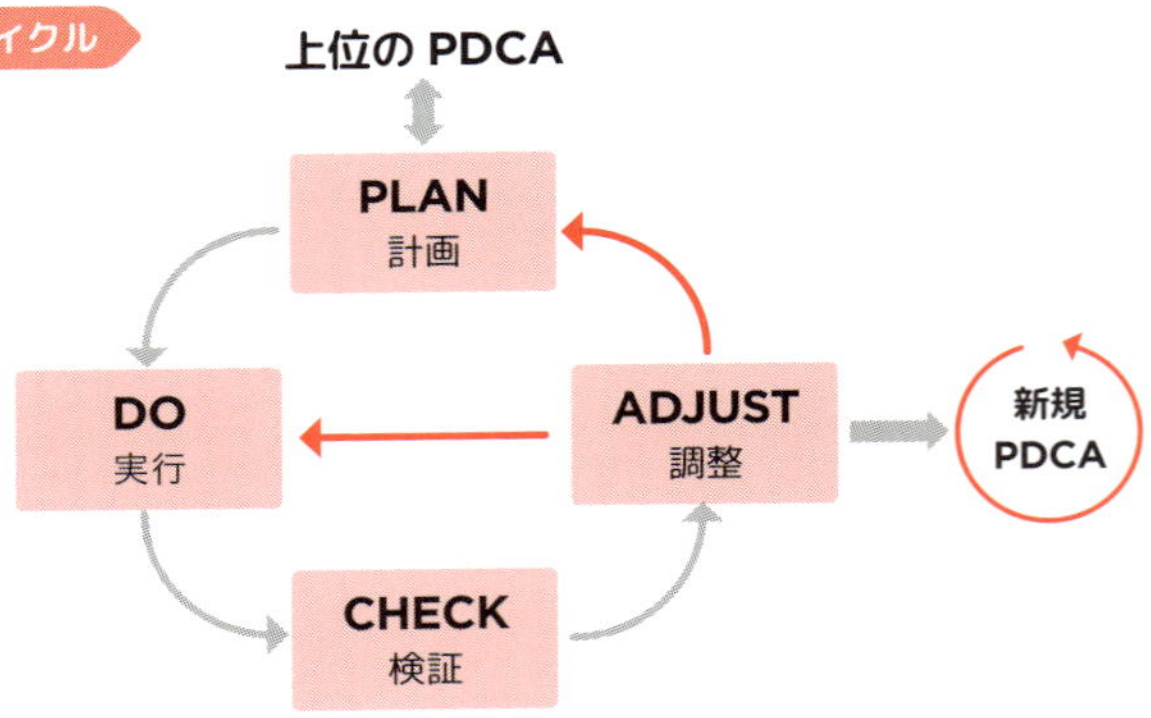

- **鬼速PDCAは、1周回して終わりではなく回りつづけるもの。複数のPDCAを回し続けて、鬼速でゴールに近づく！**
- **検証頻度の高さと「調整（ADJUST）」で、圧倒的なスピードでPDCAが回る**

2章

計画編

現時点で最高の計画を立てる方法

PDCAを回していく上で肝となるのがこの計画フェーズ。P（計画）の立て方次第で、そのあとのPDCAサイクルが決まるので、とても大切です。では、いい計画の立て方とは？ 図解でステップを追いながら確認していきましょう。

PLAN 1

失敗する人の半分は「計画」がまずい

本章からいよいよPDCAサイクルの各フェーズの説明に移ります。最初は計画です。**計画はPDCAの一番の肝になります。**山頂を目指すのに海に向かって歩いたら一生たどり着かないし、雪山をビーチサンダルで登ろうとしても無理だというのは当然です。検証（CHECK）で誤りに気づけば修正できますが、現時点で最善の計画を立てていれば、無駄を事前に防ぐことができます。

計画で「失敗」しないために

私の感覚では、PDCAで失敗する人の50％はこの計画フェーズで失敗しています。失敗する原因は大きく分けて2つあります。

①慎重になりすぎる
②雑になりすぎる

これは本人の性格や企業文化などによって違いがよく出るところです。①のように石橋を叩いてなお、ためらってしまうような慎重派なら、計画と聞くだけで体がこわばる。「計画を立てるなら絶対に間違ってはならない」と思ってしまうからです。

かたや思いつきで動く人がPDCAを回そうとすると、計画が雑なまま動き出してしまって、実行フェーズで路頭に迷ってしまいます。これが②のパターンです。それに検証しようと思っても定量的に比較できるものがないので、その原因の解明がしづらく、PDCAが回らないのです。

よってPDCAを回す人や組織に必要なのは、**慎重さと大胆さの中間**あたりになります。

「現時点で可能な限り精度の高い仮説を立てて、間違っても仕方ない」くらいに考えてPDCAを回していると、メンタル面での負担も軽くなります。

計画フェーズで失敗してしまう人・組織の特徴

①慎重になりすぎる（過度の心配）→ PDCAサイクルが**遅くなる**

②雑になりすぎる（考えなし、ご都合主義）→ **精度が低く** PDCAサイクルが回らない

「慎重さ」と「大胆さ」の中間がベスト！

現時点で可能な限り精度の高い仮説を立てる

間違っても修正すればいい

という考えでPDCAサイクルを回す

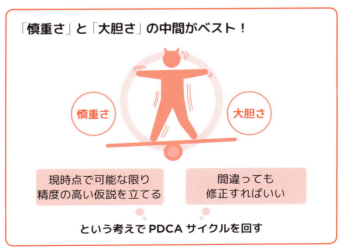

PLAN 2

STEP① 具体的に把握しやすいゴール（KGI）を決める

あらゆるPDCAは、**たどり着きたいゴールを決めること**から始まります。どのようなゴールでもPDCAを回すことができますが、その際に注意してほしいポイントが3つだけあります。

1 期日を決める

「10年後には英語がペラペラになっていたい」と目標を立ててしまうと、選択肢があまりに増えすぎて結局、路頭に迷いかねないことになります。10年もあれば海外に移住してしまったほうが早いかもしれないし、海外留学も可能だし、英会話学校に通い続ける選択肢もあるからです。

とはいえ「1週間後に英語が上達していたい」というように、あまりに直近のゴール設定をしてしまうと、今度は逆に打つ手があまりなく、成果も見えづらくなります。

理想の期日は1〜3ヶ月後くらいです。これくらいであれば人やチームが成長するには十分な期間があり、なおかつ環境が劇的に変わるということもあまり考えられないので、とるべき行動もイメージしやすくモチベーションも維持できます。

2 定量化する

ゴールは必ず数字に落とし込む必要があります。期日設定を含めて、定量化したゴールのことを本書では**KGI（Key Goal Indicator）**と呼びます。

会社の目標数値や営業目標数値などは、そのままゴールにすればいいですが、なかには定性的なゴールもあるでしょう。例えば、出世したい、モテたい、名を残したいといったゴールです。しかし、ゴールを定性的な状態のままにしておくと自分の成長度合いや進捗具合が確認しづらくなり、その結果、PDCAの精度が甘くなります。

そこで、本来は定性的な目標であっても数値化し、具体的に把握しやすい状態に置き換えます。

EXAMPLE

「痩せたい」→「体脂肪率20％未満」
「会社を大きくしたい」→「売上100億円」
「上司に認められたい」→「人事評価A」
「我が子に好かれたい」→「週3一緒にお風呂に入る」

3 適度に具体的なものにする

壮大なゴールのままPDCAを回そうとすると、結果的にPDCAが雑になったり管理しきれなくなったりしかねません。例えば「年間売上高」を数値目標としても、そのままPDCAを回すとあまりに課題が増えすぎてしまいます。「新規開拓を増やすのか」「既存の顧客の単価を上げるのか」といったように、売上高を構成する因子を考えてみましょう。

それは先に挙げた「期日」「定量化」にも当てはまります。実際に回すPDCAのゴールは「月の新規開拓数を10件にする」くらいまで具体的にしましょう。

STEP ① ゴール（KGI）を決めるときの3つのポイント

Point			
Point	1. 期日を決める	2. 定量化する	3. 適度に具体的なものにする

具体例

年間売上高を上げたい ▶ 3ヶ月後には月10件、新規開拓を成約
（3ヶ月後には：❶期日／月10件：❷定量化／新規開拓：❸具体的に）

英語が得意になりたい ▶ 3ヶ月後のTOEICで、750点をとる
（3ヶ月後の：❶期日／TOEICで：❸具体的に／750点：❷定量化）

PLAN 3

STEP② 現状とのギャップを洗い出す

ゴールが決まったら、次は現状とのギャップを確認します。ここで先ほど決めたKGIを使います。例えば、新規開拓が月平均5件であるものを、KGIとして設定した10件に増やしたいとすると、定量的なギャップは「5件増」になります。現状とKGIを**同じ基準で定量化**することによって、**ギャップが明確になります。**

一方で、**定性的なギャップも無下に扱ってはいけません。**例えば営業に対して自信を持っていないのだとすると、ゴール設定の背景にあるのは「自分にもできることを証明したい」といった思いの可能性があります。こうした思いはPDCAサイクルにおいては検証の対象にはなりません。ただ、実際にPDCAを回すときには、こうした思い自体がPDCAを回し続けるモチベーションの源にもになります。そのため、もしあなたが経営者や管理職であれば、社員や部下の定性的な側面も大切にしないといけません。

STEP② ゴールと現状を定量的に比較する

現状
新規開拓案件の成約
月5件

→

KGI
新規開拓案件の成約
3ヶ月後には
月10件

ギャップ 先月までは平均5件なので、2倍にしないといけない

Point
現状 と KGI のギャップは、同じ基準で定量化する
月5件　月10件

PLAN 4

STEP③ ギャップを埋める課題とは？

次に、ゴールと現状のギャップを埋めるための「課題」を考えます。課題といっても、自分に足りないことばかりを考える必要はありません。**自分の得意分野を強化することでギャップが埋められるなら、それも立派な課題**になります。個人でPDCAを回す場合は下図のような問いを自分に投げかけながら、頭に思いつくことを書き出してみることをおすすめします。

課題抽出は正確に、かつ漏れなく行うことが理想です。鬼速でPDCAを回すにはこの段階でいかに物事を整理し、深く分析できるかが重要です（P.41から詳しく説明します）。ただ、課題抽出に自信が持てないからPDCAサイクルを回せないのであれば本末転倒。仮にここで課題を見落としていても、検証を行っていれば、どこかの段階で「もしかして他に課題があるのでは？」と気づくことができるので、課題を洗い出すためにもまずPDCAを回すという意識が重要です。

STEP③　課題はどこにあるのか、書き出してみる

ギャップ　**先月までは平均5件なので、2倍にしないといけない**

- 「ゴールから逆算すると、自分は何をすべきなのか？」
- 「この道を進むとしたら、何が不足しているのか？」
- 「得意分野を加速するために、伸ばせる長所はないか？」
- 「あらかじめ手を打っておくべきリスクはないか？」
- 「周りでうまくいっている人は、どんな工夫をしているか？」

さらなる課題抽出のポイントはP.41へ

課題

- プレゼン勝負になると勝てない
- スケジューリングが下手で1日に3件しか回れない
- ヒアリング能力が低い
- 早口になってしまうことが多い
- 第一印象が悪い

PLAN 5

STEP ④-1

やることの優先順位をつける

ゴール設定にもよりますが、一般的に課題をリストアップするとかなりの数になるはずです。すべての課題をこなせれば理想的ですが、人はタスクを同時に抱えすぎるとフォーカスするポイントが曖昧になって成果が思うように出せなくなってしまいます。よって重要なのは、選択肢をふるいにかけ、**「やらないこと」を決めると同時に、「やること」について優先度づけを行う**ことです。

そのときに使う基準は3つ。

インパクト（効果）、**時間**、そして**気軽さ**です。インパクトと気軽さについてはABCの3段階評価を振り、時間についてはその課題をクリアするために要すると思われる時間や日数を考えます。

1 インパクト

ゴール到達に、もっとも大きな効果がありそうなものからAをつけていきます。これは最終的に優先度を決める際に最も重要な指標になります。

実現可能性はまずは度外視して、現時点では純粋に「これがクリアできたら理想だよね」と思える課題からAをつけていきます。

ここでありがちなのが、すべてにAをつけてしまうことです。気持ちはわかりますが、それでは優先度の意味がないので、すべてAだとしたら、「そのAのなかでの、A・B・C」と分けていく必要があります。

もちろん、答えがわからないこともあるでしょう。そのときは自分にとって、もっとも納得感があるものを選んでおきます。**PDCAは仮説思考であり、仮説が間違っていたら、あとで課題設定を変えればいい**だけの話です。

2 時間

ここでいう時間とは「その課題をクリアするまでにかかると想定される時間」のことです。

「1日に割く時間×日数」といった計算は難し

いので、課題が達成されるまでに要する「期間」を考えます。「1週間くらいかかりそうかな」「1ヶ月はかかりそうかな」くらいの粗さでよく、時間がまったく見えない課題の場合は「?」マークで処理してしまいます。

3 気軽さ

少ない予算や、組織であれば少ないマンパワーで着手できるもの、リスクが少なそうなもの、または心理的な障壁が低いものから優先します。

心理的な障壁については賛否が分かれるところだと思いますが、少なくとも個人でPDCAを回しているなら無理をしてまでやりたくないことをやる必要はないし、むしろ気軽にできそうなものからどんどんやっていけばいいと思っています。やはり人間は気持ちが乗るものならいくらでもできるし、継続することも苦ではないからです。

STEP ④-1　3つの基準で優先度をつける

Point

1. インパクト
ゴール到達にとって効果がありそうかどうか

2. 時間
課題が達成されるまでに要する「期間」

3. 気軽さ
予算・マンパワー・リスクの少なさ・心理的な障壁が低いもの

	インパクト	時間	気軽さ
プレゼン勝負になると勝てない	B	1ヶ月	A
スケジューリングが下手で2件しか回れない	A	1ヶ月	B
ヒアリング能力が低い	B	3ヶ月	C
早口になってしまうことが多い	C	1週間	B
第一印象が悪い	A	2週間	B

PLAN 6

STEP ④-2

課題を3つに絞り込む

さて、「インパクト」「時間」「気軽さ」の各基準に対してABCの評価を書き込んだら、いよいよ優先度を振って3つに絞り込みます。

私がおすすめする選び方は以下の通りです。

①インパクトのもっとも大きいものを、最低でもひとつ選ぶ

②インパクトが劣っても短い時間でできそうなものがあれば選ぶ

③同列の課題が並んでいたら、気軽さを基準にして絞り込む

「気軽さを指標にしてしまうと、易きに流れて成果が出ないのでは？」という指摘もあるでしょう。ただ、ここで気乗りしない課題を切り捨てて、気軽にできるものだけ着手したとしても、あとの検証フェーズで効果が出ないことがわかれば結局は課題を入れかえることになります。

でもそのときは気軽にできるものはすでに試したあとなので、いままで気乗りしなかった課題であっても「やらざるを得ない」状況になっているわけです。「やっぱりこの課題をクリアしないといけないんだ」と状況が整理されることで、いままで気乗りしていなかったものであっても、前向きな姿勢になっていることもよくあります。

すべてをやる必要はない

このあとのフェーズでも、「ふるいにかけて絞り込む」という工程は何度も出てきますが、このようなステップを踏むことを面倒に感じる人もいるかもしれません。**しかし、PDCAが肥大化して、中途半端な状態で破綻しないようにするためには不可欠な作業なのです。**

それに、実際に私たちはさまざまな課題を抱えながら生活しています。ひとつのPDCAサイクルだけに全力を傾けられるわけではないし、ときには気が滅入るほど時間に追われることもあるでしょう。そんなときに「すべてをやる必要はない。でも、優先度の高いことだけはやろう」と割り切ることは非常に大事なことです。

STEP ④-2 「インパクト」「時間」「気軽さ」で絞り込む

	インパクト	時間	気軽さ	優先順位
プレゼン勝負になると勝てない	B	1ヶ月	A	B
スケジューリングが下手で2件しか回れない	A	1ヶ月	B	A
ヒアリング能力が低い	B	3ヶ月	C	C
早口になってしまうことが多い	C	1週間	B	C
第一印象が悪い	A	2週間	B	A

おすすめの優先順位のつけ方

① **インパクトがA**のものから1つは選ぶ
② **短時間**でできるもの
③ ①②が同列なら、**気軽さ**を優先

課題は3つに絞り込む

- プレゼン勝負になると勝てない
- スケジューリングが下手で1日に3件しか回れない
- ~~ヒアリング能力が低い~~
- ~~早口になってしまうことが多い~~
- 第一印象が悪い

PLAN 7

STEP⑤
課題をKPI化する

課題が絞り込まれたら、次はそれらの課題を数値化していきます。みなさんご存知のKPI（Key Performance Indicator）、つまり結果目標です。ゴールの定量化と同じで、検証フェーズで客観的に進捗状況を把握するためのものであり、ゴールに近づくための「サブゴール」になります。

ポイント① KPIの絞り込み

課題をKPI化しようとするとたいていの場合、複数のKPIが考えられますが、すべてを追う必要はないので、この時点で**各課題のKPIをひとつに絞ります**（**左ページポイント①**）。KPIを絞るときに使う基準は、**できるだけ頻繁に検証でき、なおかつ成果がその数値に正確に反映されるもの**であるといいです。

ポイント② 最重要KPIの設定

3つの課題があれば3つのKPIが決まることになりますが、そのなかから「最重要KPI」を定めておくことが重要です。**ステップ④で、もっともインパクトが大きかった課題のKPIを最重要KPIに設定します。**

最重要KPIは、それを達成できた暁にはゴールに大きく近づくサブゴールです。そのため、その他のKPIとは別格扱いにするべきです。ベタな方法ではあるものの、紙に書いてデスクや壁に貼るなどの見える化をして、毎日数字を追うくらい徹底した意識づけをはかりたい項目です。

また、KPIはあくまでも「目指すべき結果」です。「セミナーに参加する」ことや「部下全員に1日1回声をかける」ことは「行動目標」であり、次の実行フェーズで設定するものなので、混同しないように気をつけましょう。

「セミナーに行った結果、どうなりたいか」「会話を仕掛けた結果、どうなりたいか」の『どうなりたいか』の基準となるものがKPIです。

STEP ⑤　課題を数値化して KPI を設定する

課題	KPI
プレゼン勝負になると勝てない	プレゼンの勝率　30% → 50% 上司からお墨付きをもらう　0 回 → 1 回
スケジューリングが下手で 1 日に 3 件しか回れない	アポイント　1 日 3 件 → 6 件
第一印象が悪い	受付突破率　5% → 15% 自己評価で A をつける割合　60% → 100%

数値化

ポイント①　**各課題 1 つの KPI に絞り込む**

課題	KPI	インパクト
プレゼン勝負になると勝てない	プレゼンの勝率　30% → 50%	B
スケジューリングが下手で 1 日に 3 件しか回れない	アポイント　1 日 3 件 → 6 件	A
第一印象が悪い	受付突破率　5% → 15%	A

ポイント②　STEP ④で**インパクトが最も高い課題**（**P.30**）の KPI を**最重要 KPI** に設定しておく

最重要 KPI　受付突破率 5%→15%　→毎日数字を追う

2章　計画編

PLAN 8

STEP⑥ 大まかな方向性を決める

KPIを決めたら、その数値を達成するための解決案を考えないといけません。

解決案とは「大まかな方向性」のことだと考えてもらえばいいでしょう。ここで考えた解決案は、この先の3章で解説する実行フェーズで一段具体的なアクション（DO）へと分解され、さらに具体的なタスク（TODO）に落とし込まれていきます。解決「策」とするとDOやTODOと混同すると思い、あえて解決「案」としています。

解決案を洗い出す

例えば、KPIが「アポイント件数を1日3件から6件に増やす」だとしたら、業務の無駄を省いたり、他の人に仕事を回すことで自分の時間を捻出することに加えて、「タクシーを使う」などのツールの利用も考えられます。

KPIによっては解決案が明確な場合もあります。例えば勉強や仕事のスキルセットに関するものであれば、解決案はそのテーマについての教材を探し、時間を確保してひたすら勉強することになります。このように「やるかやらないか」によって成果が変わるKPIについては答えが出しやすいでしょう。

しかし厄介なのは、次のような場合です。

・他人の感動に関わる課題
例「フォロワーを増やす」
（KPI：SNSの企業ページの「いいね！」を100件に増やす）
・複雑な要因が絡み合っている課題
例「チームの実行スピードを上げる」
（KPI：電話アプローチ件数50％増）

そうした一筋縄ではいかない課題については、「なぜ現状、そうなっているのか」という要因分析が必要になります。その際、解決案がすんなり出てこないということは、要因は自分の視野の「外」に隠れている可能性が高いです。

そこに気づくためには自分の**思い込みを取り払う**必要があるわけですが、それをひとりで行うことはなかなか容易ではありません。こうしたときには、本や先輩・上司、アドバイザー、コンサルタントなど「外部の目」の出番になります。詳しくは6章の「鬼速PDCAコーチング」（P.112）で説明します。

自信がなくても動き始める

外部の協力を得ても、自信の持てる解決案がわからない場合もあるでしょう。

しかし、もしその後に修正のチャンスがあるのであれば、解決案に確固たる自信がなくても、**さっさと実行に移して検証し、ブラッシュアップすればいい**のです。その際はもちろん、もし仮説が間違っていても、致命傷を負わない程度にリスクを抑える必要はあります。

「これかな？」と思ったら臆せず実行に移すという考え方であり、「悩む暇があったら検証」「失敗はウェルカム」というのが基本姿勢です。

STEP⑥　KPIに対する解決案を洗い出す

KPI	解決案
プレゼンの勝率 30% → 50%	優れたパワポを取り寄せて分析する プレゼンがうまい先輩に同行させてもらう 同僚に擬似プレゼンをしてフィードバックをもらう
アポイント 1日3件 → 6件	業務の無駄を見つけ、省く 後輩に回せる仕事を回す タクシーの利用許可を上司に打診する
受付突破率 5% → 15%	笑顔を鍛える 発声トレーニングのセミナーに行く 営業術の本をたくさん読んでヒントを探す

各KPIにつき最低1つの解決案を！　他のKPIの解決案とかぶってもいい

PLAN 9

STEP⑦ 解決案を優先度づけする

最初はたったひとつのゴールから始まったこの計画フェーズも、ここまでくると複数の解決案が紙に並ぶ状態になるでしょう。

ここに残った解決案は少なくとも「やったほうがいいもの」以上のものであるはずなので、理想はすべて実行に移すことですが、すべてを抱えて中途半端に終わりそうならSTEP③(P.29)と同じように「インパクト」「時間」「気軽さ」の3つの基準で優先度をつけていきます。ただ、課題の絞り込みのときと異なる点が2つあります。

最重要KPIを意識する

ひとつは、最重要KPIの達成につながる解決案については最低1つ、できれば2つ残すことです。それ以外のKPIについても、できれば最低1つの解決案を残すことが望ましく、**最終的には4つの解決案を同時に行動に移すくらいが理想です。**

しかし何度も言うように、PDCAサイクルは回し続けるものなので、とりあえず最重要KPIについて行動を起こしても、まだ余裕がある、またはテコ入れが必要だと判断したときに解決案を追加しても構いません。

短時間で終わる手軽なものも残す

次に「時間」については、実際の作業にかかりそうな延べ時間(1日ごとに費やす時間×日数)を書くといいでしょう。どうしてもわからない場合は「?」でも構いません。ここで時間を書き出すのは厳密な比較をするためではなく、「すぐにできそうなもの」をできるだけ切り捨てないためです。

なお、これは他のステップにもいえることですが、ここで切り捨てた解決案については、あとのPDCAサイクルで復活する可能性もあるので、書き出した紙などは捨てないようにしましょう。

STEP ⑦　解決案にも優先度をつけて4つに絞る

解決案を絞り込む際のポイント

① 最重要KPIについては最低1つ、できれば2つ以上残す
② それ以外の各KPIについても、できればインパクト重視で解決案を1つは残す
③ 短時間で終わるものについてはインパクトが弱くても残す

解決案	インパクト	時間	気軽さ	優先度
優れたパワポを取り寄せて分析する	B	10時間	A	B
プレゼンがうまい先輩に同行させてもらう	B	10時間	C	C
同僚に擬似プレゼンをしてフィードバックをもらう	A	2時間	B	(A)
業務の無駄を見つけ、省く	A	1週間	C	A
後輩に回せる仕事を回す	A	1時間	B	(A)
タクシーの利用許可を上司に打診する	B	0.1時間	C	B
笑顔を鍛える	B	?	A	(B)
発声トレーニングのセミナーに行く	C	3時間	B	C
営業術の本をたくさん読んでヒントを探す	A	10時間	B	(A)

② 各KPIからインパクト重視で1つ残す

① 最重要KPIから2つ残す

＊最重要KPI　受付突破率 5%→15%

ここまでのまとめ

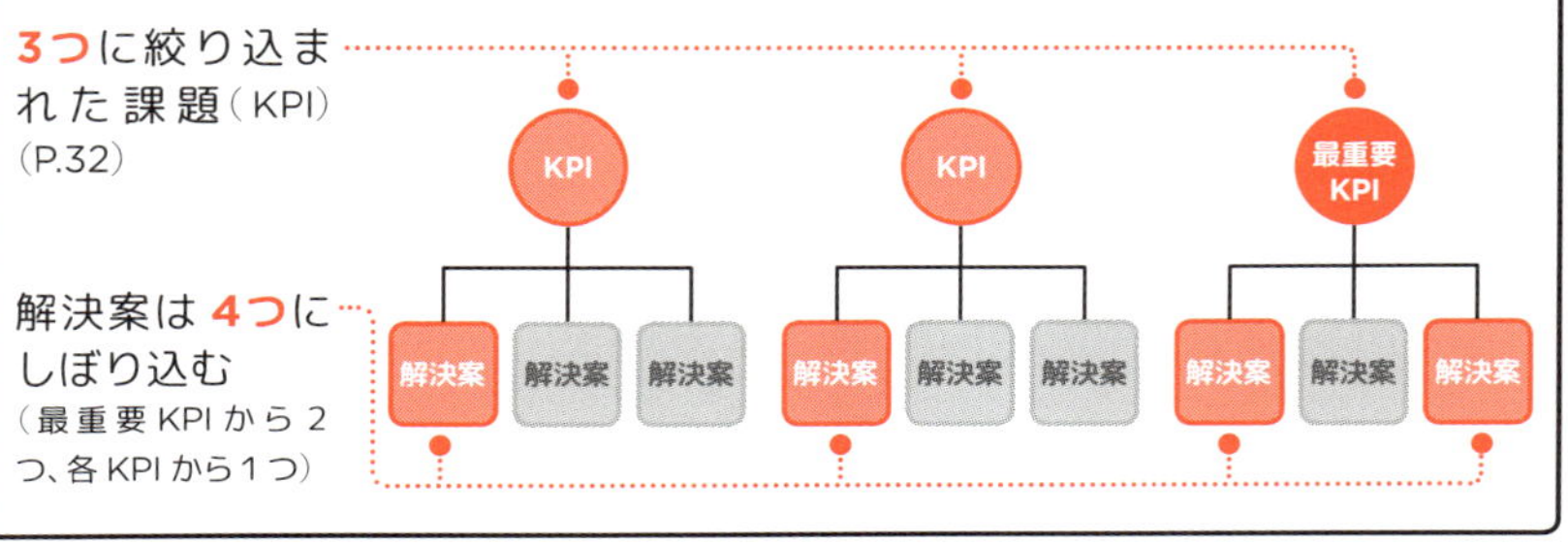

3つに絞り込まれた課題（KPI）（P.32）
KPI
KPI
最重要KPI
解決案
解決案は4つにしぼり込む（最重要KPIから2つ、各KPIから1つ）

PLAN 10

STEP⑧ 計画を見える化する

チームでPDCAを回している場合は、ここまでのプロセスをできる限り共有することが非常に大切です。とくに計画者と実行者が異なるとき、実行者に解決案だけをポンと渡したところで「仕事は振られたが、なんのための仕事なのかわからない」といった事態が起きがちです。実行者のモチベーションはチームの実行スピードに直結するので、ゴールへの道すじをはっきりと見えるように示すことはきわめて重要です。

個人でPDCAを回す場合でも、計画の「見える化」は重要で、とくにKPIを目立つところに見えるようにしておくことを強く推奨します。ゴールを意識すると生活のあらゆる場面がヒントになり、PDCAを回し続ける動機づけにもなります。私の場合は携帯のアラートで「今週目標10件！」と週の数値目標を表示させたり、机の周りにポストイットを貼ったりと、ゴールを視覚に強制的に入れるためにあらゆる手段を使っています。

STEP⑧ 計画の見える化がPDCAの継続につながる

視界に強制的に入れることで
ゴールを意識づけ

モチベーションアップや、PDCAの継続につながる

PLAN 応用編 1

因数分解して仮説の精度を上げる

ここからは、計画フェーズの仮説の精度をさらに高めてゴールへの最短距離を見つけ出し、「鬼速」を実現するための応用的な内容になります。

この精度を高めるためにはステップ③（P.29）で触れたように、**ゴールを達成するための「課題」を正確に、漏れなく抽出**することが重要です。

一方で、まずは行動に移してPDCAを回す楽しさを体験として理解することも大切なので、先に3章の実行フェーズに進み、PDCAを回すなかで必要になったときにこの項目に戻ってきても構いません。

PDCAの速さと深さは因数分解で決まる

さて、その仮説の精度を支えるのが『**因数分解能力**』。要するに、「ゴール」と「現状」を構成する因子をどんどんリストアップしていく考え方です。やることはロジカルシンキングでよく使われる「ロジックツリー（次ページの図）」と同じです。

もし、いい上司になることが課題であれば、「どうやったらいい上司になれるか？」といきなり悩み始めるのではなく、まずは「いい上司とは何か」と因数分解していけばいい。おそらく「いい上司」といっても、「人間的に魅力があるか」、「ビジネス的に魅力があるか」で大きく分けられるはずです。そして「人間的な魅力」といってもさまざまな要素があります。

こうやって物事を分解して具体的に課題をリストアップし、課題どうしを比較することによって、最速かつより現実的なルート設定ができるのです。

ゴールが比較的シンプルであれば因数分解を意識しなくてもそれなりに成果は出せますが、ゴール設定が高いもの、大PDCAにより近いもの、または外的要因が複雑に絡み合っている難度の高いゴールなどを成功させるには、どうしても因数分解思考が不可欠になります。

因数分解のメリット

❶ 課題の見落としを防ぐ

PDCAを回しているのになかなか成果が出ず、その原因もわからないときは、いまの自分にはない視点から切り込む必要があるということです。

因数分解をせずに頭でひたすら課題や要因を考えても、せいぜい4、5個の視点しか持てないでしょう。 しかし、あるテーマを20個の因子に分解したら、それは「20個の視点を持った状態」と同じです。よって因数分解能力を鍛えると課題の見落としが劇的に減るのです。

❷ ボトルネックの発見

因数分解を何回かしていけば、**現状とのギャップが大きくて、なおかつそれを是正したときのインパクトが大きい、いわゆるボトルネック**が、ピンポイントで浮かび上がってきます。

ぼんやりと課題に取り組むよりは、そのピンポイントに手間と時間と金を注力したほうが、アウ

ロジックツリーの例

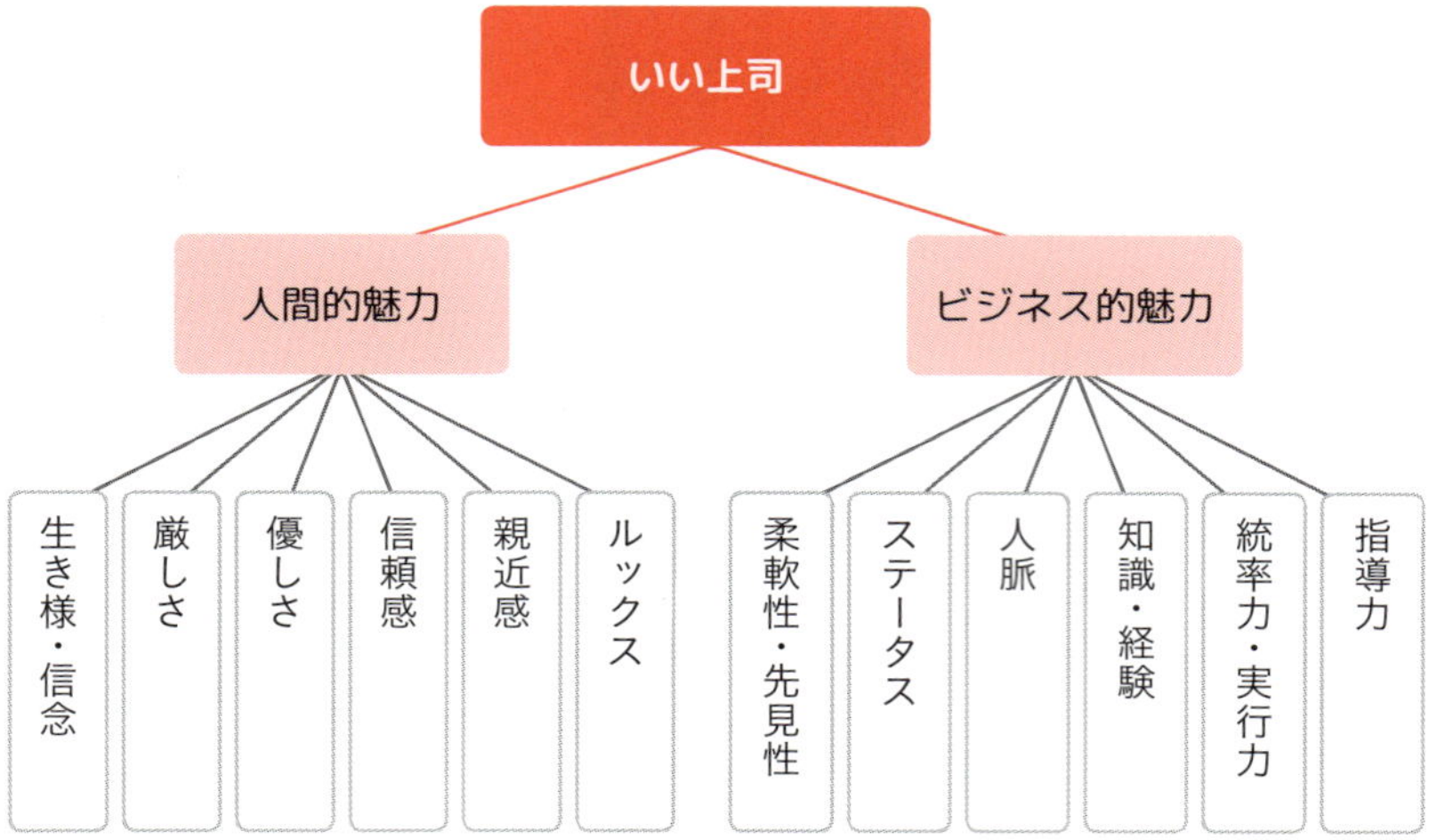

トプットが増大するのは当然です。

③ KPI化しやすい

課題が具体的になるほど、その定量化も簡単になります。因数分解が甘く課題が明確になっていないと、定量化できる指標は「契約件数」や「売上」「利益率」などになり、総合的な結果の検証しかできません。

一方、因数分解をした結果、自分のボトルネックが「メール返信率が、平均値よりかなり低いこと」だと判明すれば、メール返信率を最重要KPIとして設定し、同僚の文面を参考にさせてもらったり、本でピンポイントなことが書かれている箇所を勉強したりと、解決案もフォーカスできるのです。

④ どんなゴールでも実現可能に思えてくる

仮に「幸せになる」というテーマで因数分解を進めたとします。それを本気で完成させたら、因子の数は軽く1000個は超えるはずです。確かにすごい数ではありますが「この1000段の階段を上っていけば幸せになれる」という意味でもあります。ゴールと現状の途方もないギャップだけを見せつけられたら、断念するのも仕方ありません。しかしそれを分解すると、ギャップの正体は登りやすい階段の積み重ねに過ぎないと気づくことができます。因数分解は、目の前の壁を細かいパーツに砕くためのツールなのです。

⑤ PDCAのスピードに直結する

このように最初の段階で「深く」因数分解をすることで計画フェーズのすべてのステップの精度が高まることになります。また精度が高ければ検証と調整フェーズでの軌道修正も少なくなるので、PDCAは「速く」回るようになります。

また、ゴールと解決案の因果関係が明確になると、それまで尻込みしていたものも「成果が出るなら」と向き合い方が変わるため、PDCAはさらに速く回るようになるのです。

PLAN 応用編 2

ロジックツリーで分解していく

一般化してから分解する

　ここからは因数分解をするときのポイントを挙げていきます。因数分解でやることは「ロジックツリー」と同じなので、ここではロジックツリーを用いて説明します。

　ロジックツリーの上部に置くものを、ここでは「テーマ」とします。「テーマ」にはPDCAにおける「ゴール」はそのまま置かず、一般化された大きなテーマを設定しておきます。

　例えば経営者が「経常利益10億円を目指す」とゴールを立て、そのままテーマに置いたとすると、2段目の段階から「売上は50億円で、コストは40億円かな」といった具合に、いきなりスケールの大きな仮説設定が求められます。経営者にとって会社の数字は見慣れたテーマなので、こうしたアプローチも可能でしょうが、テーマによっては混乱します。

　それよりも、「利益構造」といった一般的なテーマにして、まずはそれをいかに細かく分解するかにフォーカスするといいでしょう。するとロジックツリーの2段目は「売上」と「コスト」に分解されます。こうして、あとからそれぞれに数字を当てはめたほうが結果的に早いことが多いのです。

「WHY」と「HOW」で階層を深める

　では、どのようにロジックツリーを掘り下げていけばいいでしょうか。因数分解における魔法の質問があります。

　ロジカルシンキングの基本でもありますが、因数分解の階層を深めるときは**「WHY」を繰り返すWHYツリーか、「HOW」を繰り返すHOWツリー**のどちらかの方法を使うだけです。

　課題を見つけるときは「WHY＝なぜ（できないのか？／できたのか？）」を繰り返し、解決案を見つけるときは「HOW＝どうやって（構成されているのか？／達成するのか？）」の問いを繰り返します。

ロジックツリーを用いた因数分解

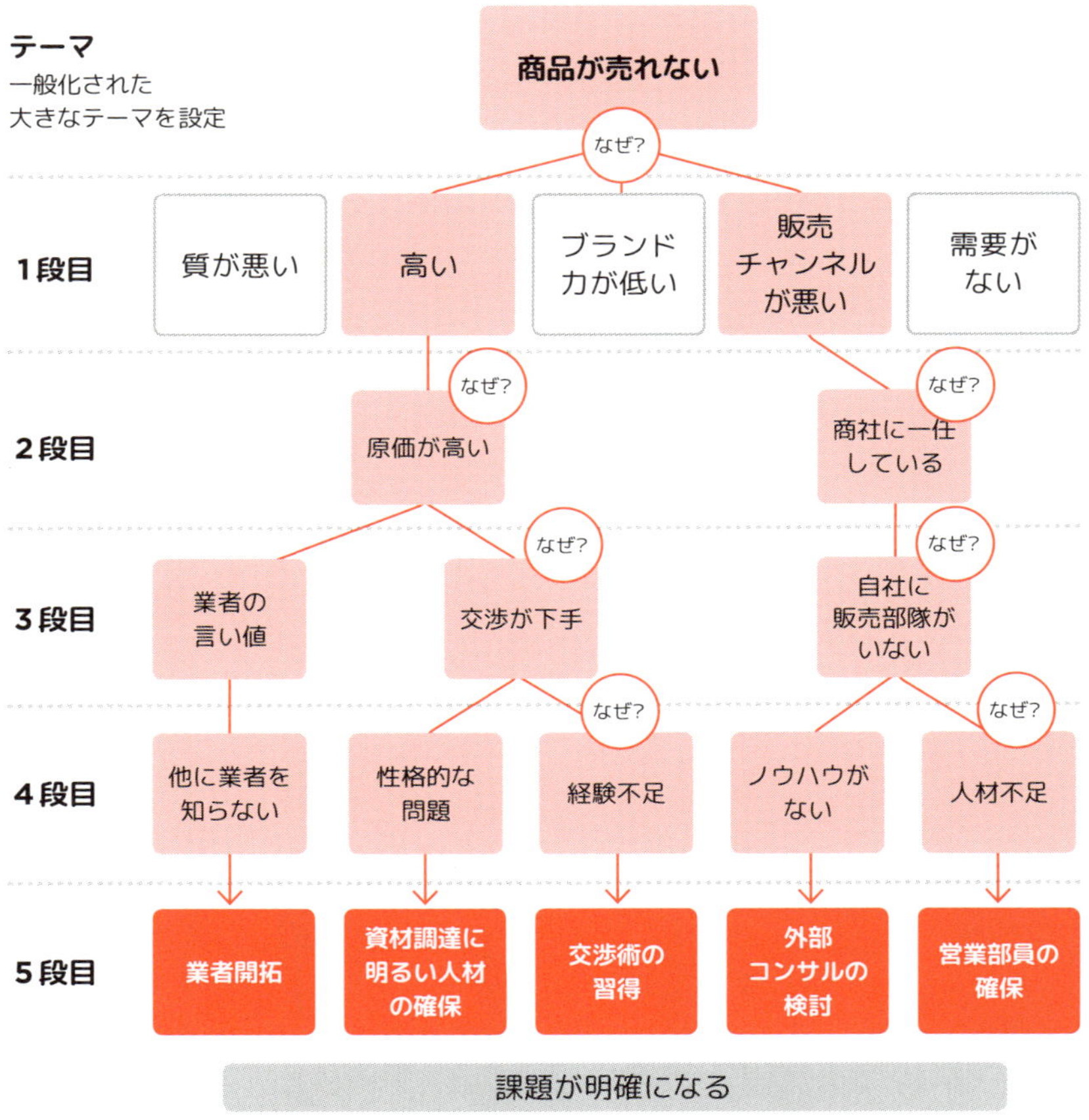

→計画のステップ③ 「ギャップを埋める課題の洗い出し」P. 29 で使用

深堀りの Point

課題の発見 ……………なぜ？（できない／できた）→【WHY】

解決案の発見 …………どうやって？（構成されている／達成する）→【HOW】

HOW あるいは WHY の問いかけを繰り返して因数分解していく

5段目まで深掘りする

因数分解はやりだすとキリがないように感じることもあります。明らかにそれ以上分解しても意味がないと思ったら、それ以上、無理に分解する必要はありません。

ただ、**実際のところ多くの人は因数分解の深度が浅いのが現実です。**当社でも、いくらメンバーに「なるべく細かく因数分解しよう」といっても、ロジックツリーの3段目くらいまでで終わるパターンがかつては多くありました。

例えば「チームのアウトプットを2倍にアップする方法」を考えてもらっても、「コミュニケーションが課題です!」と報告してこられることもありました。または「新規サービスの営業手法」を考えてもらっても「やはりSNS広告がいいと思います」と言ってくるなど、一筋縄ではいかなかった経験もあります。

これらの案は一見立派な課題抽出のように見えますが、コミュニケーションの何が課題なのか、どのSNS広告をどうやって使えばいいのかまで考えられていないのです。そうした精度の甘い因数分解では課題の本質は見えづらく、結局PDCAも回しづらくなってしまいます。

経験上、深掘りをするときの深さの基準は5段目です（**前ページ図**）。そこまでいくとかなり課題が具体化しているので解決案も具体的なものを思いつきやすくなり、さらに次の実行フェーズでも迷いが出にくくなります。すべてを5段目まで埋める必要はありません。課題となりそうな箇所だけを5段目以上をメドに深掘りすればいいのです。

そしてテーマを分解していく過程で、明らかにここは大きな課題だと思われる要素が浮き彫りになったら、今度はその課題をテーマにして、新たにロジックツリーを作ってみるのもひとつのやり方です。これはPDCAサイクルを大きなテーマのまま扱わず、分解された課題自体を、中PDCA、小PDCAとして独立させたほうがいいということと同様です。

一段目だけMECEを使う

MECEとは「漏れなく、重複なく分類すること」で、ミーシーと読みます。

ロジックツリーを使って因数分解するときの分類の仕方はひとつではなく、正解はないといってもいいでしょう。しかし、最終的な課題やボトルネックはそうした分解を進めていった枝葉のどこかに潜んでいるはずであり、分類の過程で「抜け」があるとその課題を見落とすことになります。逆にMECEを徹底していれば、どんな分類の仕方をしても、最終的には課題に行き着くことができるのです。

ただ、階層が深くなるにつれ毎回MECEを意識することはあまりに時間がかかるため、**最上段のテーマを分解する1段目だけは、MECEを徹底する**ことを私は奨励しています。それ以降についてはできるだけ知恵を絞ることは当然ですが、仮に抜けがあったとしても、検証フェーズで漏れに気づくことができれば修正が可能です。

ロジックツリーの1段目だけは厳格に！

テーマ
＝
時間の効率活用

時間ごとに分類する	午前	午後
場所で分類する	職場	自宅
他にもこんな時間で分けられる	飲み会に参加するとき	
	取引先への移動時間	

「漏れなく、重複なく」MECEで1日の行動を洗い出す

PLAN
応用編
4

「プロセス」で分解するとわかりやすい

MECEで因数分解をするのに**もっとも確実で、簡単な方法は、プロセスで分解すること**です。例えばメールアプローチで営業をかけている担当者が売上を伸ばしたいとき、「漏れなく、重複なく」メールアプローチを分解すると次のようになります。

リスト準備 →送信 →アポ取り →ニーズ喚起 →提案 →検討 →成約 →リピート

あとはプロセスごとにさらに因子を分解していけばいいのです。仮にプロセスの分解で「コンタクト →交渉 →フォロー」と大雑把に切ったとしても、それがMECEである限り、次の3段目で分解するときに「リスト準備 →送信……」といった粒度に落ち着くはずで、行き着くところは同じになります。

プロセスで切ると、課題だと思っていたことが大した課題ではなかったと気づくこともあります。

例えば「声が小さいこと」が自分の課題だと思っていた営業マンが、営業プロセスを分解していった結果、「そういえば声以前の問題で、自分は事前準備が全然できてないよな」と気づくかもしれません。

または「美味しい料理を出しているのに客が増えない」と悩んでいる飲食店経営者が、飲食店利用者の行動プロセスを分解してみた結果、実は「料理の質」は課題のひとつにすぎず、それ以外にも「接客の質」や「価格設定」や「マーケティング」といったさまざまな課題があることに気づくかもしれません。

こうした気づきを得て課題を適切に考えることができるのが、プロセスで分解する強みです。もしあなたが課題抽出や解決案で悩んだとき、または部下が悩んでいるときは、「普段どういうプロセスでその仕事をやっているか？」という問いから始めてみましょう。それが毎日やっていることであればその問いに答えられないわけがないのだから、プロセスで切ることは簡単で確実なのです。

本の目次から切り方を学ぶ

切り方がわからない場合におすすめするのは本の目次を見ることです。例えばある日、社長の思いつきで突如あなたが自社のコンテンツマーケティング担当に任命されたとします。コンテンツマーケティングが何なのかも知らない状態です。そんなときは関連書をいくつか買ってきましょう。基本的に実用書の章立てはプロセスごとに切ってあることが多いです。

たまたま手元にコンテンツマーケティングの本があるので、目次の一部をここに抜粋します。

1 ゴールの設定
2 ペルソナ設計
3 コンテンツ設計
4 エディトリアルカレンダーの作成と運用
5 KPIの測定
(『商品を売るな』宗像淳著、日経BP社より)

このようにきれいにプロセスごとによって分解されていることがわかります。

実用書の章立てをヒントにする

Amazonなどで関連書を検索し、目次を比較する

- 実用書の章立ては
  プロセスごとに切ってあることが多い
- シーン別、ターゲット別でも立派な
  MECEなのでそこから始めてもいい
- 目次を比較して筋のいい仮説を見つける

仮説が良さそうで、
内容もわかりやすそうな本は
実際に目を通すといい

PLAN 応用編 5

量×質で切るメリット

因数分解はプロセスで切ることが簡単で確実ですが、2段目、3段目もプロセスで切れるとは限りません。

そこから先をMECEで分類するコツは「質×量」で切ることです。

よくあるのは「やり方」や「スキル」といった「質」の分解ばかりをして、「量」については「時間をかければいいんだよね」といった次元で因数分解が終わってしまうことです。

しかし、因数分解を続けると「時間」は「タイムマネジメント」「モチベーション」「ツール（外部の補助）」によって構成されていることに気づきます。つまり、タイムマネジメント力をアップさせたり、モチベーション維持の工夫をしたり、積極的に同僚に助けてもらったり、各種アプリや外部ツールを使ったりすることで、時間は増やせるということです。

量×質で切った場合

新規開拓成果	量	自分時間の最大化	モチベーションマネジメント
			タイムマネジメント
		自分以外の活用	ツール（外部の補助）
	質	インプット	金融知識
			金融以外の知識
		アウトプット	PDCA

プロセス×量×質で切るコツ

「量」「質」の切り方は有効ですが、何回も因数分解を経験していないとなかなか精度の高い切り方はできません。比較的小さいテーマ、例えば「DMの返信率」「検品精度」「上司のフォロー」「インバウンドのヒット率」といったものを扱うのであれば「質×量」で切ったほうが、ボトルネックを早く見つけやすいですが、**比較的大きなテーマであれば、やはり最初はプロセスで切ったほうがやりやすいでしょう。**

ただ、プロセスで切っても結局は「量×質」に行き着くはずです。例えばP.48で例に挙げたメールアプローチのプロセスも、もう1段分解してみると次ページの図のように考えることができます。

まず「質」ですが「質」とはかならず「率」で考えることができるため、プロセスで切った各項目を「率」に置き換えられないか考えてみます。そして次の階層で具体的な解決案に分解していくことで「質」におけるMECEが徹底されます。

「量」を達成するためにはもちろん時間が必要ですが、前述したように「時間をかける」で終わらせずにもう一段階因数分解を続けることが必要です。私の場合、昔から因数分解をするたびに先ほどの「モチベーション」「タイムマネジメント」「ツール」の3つの因子に行き当たってきました。この「時間」を構成する因子はたいていどんな仕事にも当てはまる汎用的な課題だといえます。

ここで「時間」の因子を活用した解決案の一例を挙げましょう。営業マン時代、私は新規開拓のツールのひとつとして潜在顧客に対して、名刺を添えた業界資料を一方的に郵送していました。有益な情報は捨てられにくいとわかっていたからです。しかし日々の営業活動で忙しくその余力がないときは（おそらく時効なので白状しますが）、派遣スタッフさんにこっそり資料と名刺と郵送リストを渡して、代わりに送ってもらっていました。これはツール（外部の補助）とタイムマネジメントに関する解決案を考え、行き着いた策になります。

プロセス×量×質で因数分解する流れ

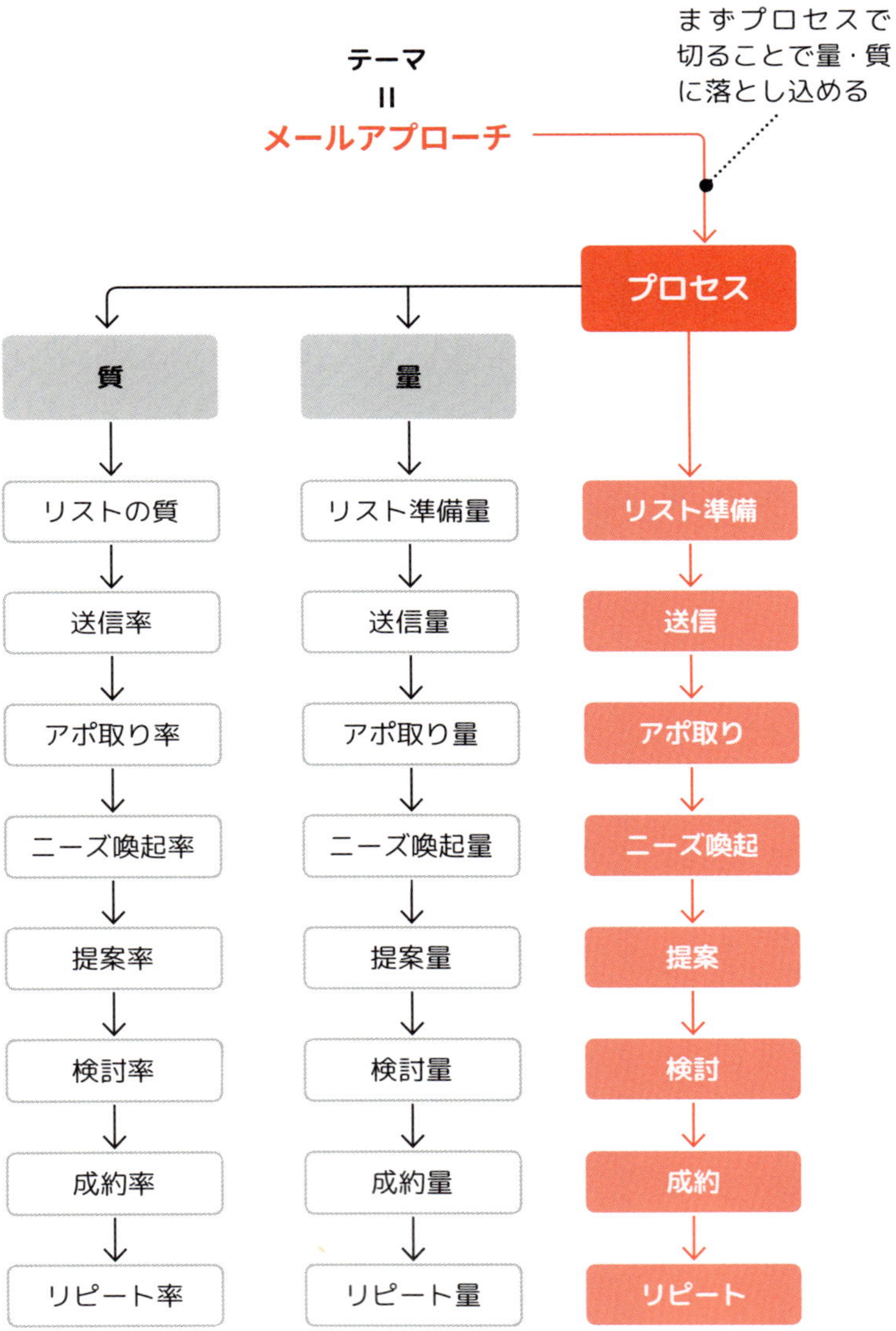

PLAN 応用編 6

因数分解が上手くなる方法

ここまで因数分解を漏れなく行いボトルネックを発見するためのポイントを説明してきました。要点を振り返ると、次のようになります。

- 一番上の「テーマ」は一般的なものにする
- 「WHY」「HOW」で5段目まで深堀りする
- 1段目の因数分解だけはMECE（漏れなく・重複なく）を意識する
- まず「プロセス」で切る
- 「質×量」の切り方に慣れる

このような因数分解を毎回行うのは大変だと思われるかもしれません。しかし、いまの私は社内の課題解決にあたるとき、わざわざ因数分解を細かくやらなくても高い精度で課題が潜むエリアを特定できるようになりました。ただこれも過去に散々因数分解をしてきたベースがあるおかげです。

とにかく文字化する

ではどうやったら因数分解が上達するのでしょうか？　基本は、**とにかく紙に書き出すこと**です。形にこだわらず、とにかく思いつくことを箇条書きにするだけでも効果はあります。私もよく課題抽出や課題解決で浅い分解しかできないときは、すぐさま手帳を取り出してアイデアを書き出す作業を日常的にやっていました。

マインドマップを活用する

メモ書きを眺めてもまだ混乱しているときは、私は必ずマインドマップを使っています。

ご存じの通り、マインドマップはロジックツリーの集合体のようなもので、メモ書きはアイデア出しのため、マインドマップはアイデア出しプラス、思考の整理のため、という使い分けをしています。マインドマップを用いるときも、因数分解のポイントを意識しながら整理していくことをおすすめします。

図でよくわかる! 鬼速PDCA計画編

ここで、これまでのステップを振り返ってみましょう。
STEP ④ や STEP ⑦ のように、
優先度づけして案を絞り込むことで、
ゴールへの最短距離を導き出すことができます。

STEP 1 具体的に把握しやすいゴール（KGI）を決める

¥ **年間売上高を上げたい** ▶ 3ヶ月後には月10件、新規開拓を成約

❶期日 ❷定量化 ❸具体的に

STEP 2 現状とのギャップを確認する

先月までは平均5件なので、2倍にしないといけない

STEP 3 ギャップを埋める課題を考える

- プレゼン勝負になると勝てない
- スケジューリングが下手で1日に3件しか回れない
- ヒアリング能力が低い
- 早口になってしまうことが多い
- 第一印象が悪い

STEP 4 課題を優先度づけして3つに絞る

- プレゼン勝負になると勝てない
- スケジューリングが下手で1日に3件しか回れない
- ~~ヒアリング能力が低い~~
- ~~早口になってしまうことが多い~~
- 第一印象が悪い

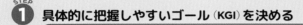

STEP 5 課題を KPI 化する

課題	KPI
プレゼン勝負になると勝てない	プレゼンの勝率　30％ → 50％
スケジューリングが下手で１日に３件しか回れない	アポイント　1日３件 → ６件
第一印象が悪い	受付突破率　5％ → 15％

STEP 6 解決案で大まかな方向性を決める

KPI	解決案
プレゼンの勝率 30％ → 50％	優れたパワポを取り寄せて分析する
	プレゼンがうまい先輩に同行させてもらう
	同僚に擬似プレゼンをしてフィードバックをもらう
アポイント 1日３件 → ６件	業務の無駄を見つけ、省く
	後輩に回せる仕事を回す
	タクシーの利用許可を上司に打診する
受付突破率 5％ → 15％	笑顔を鍛える
	発声トレーニングのセミナーに行く
	営業術の本をたくさん読んでヒントを探す

STEP 7 解決案を優先度づけして４つに絞る

- ~~優れたパワポを取り寄せて分析する~~
- ~~プレゼンがうまい先輩に同行させてもらう~~
- 同僚に擬似プレゼンをしてフィードバックをもらう
- ~~業務の無駄を見つけ、省く~~
- 後輩に回せる仕事を回す
- ~~タクシーの利用許可を上司に打診する~~
- 笑顔を鍛える
- ~~発声トレーニングのセミナーに行く~~
- 営業術の本をたくさん読んでヒントを探す

STEP 8 計画を見える化する

３章「実行（DO）」へ

鬼速 PDCA 解剖図

ー計画（PLAN）編ー

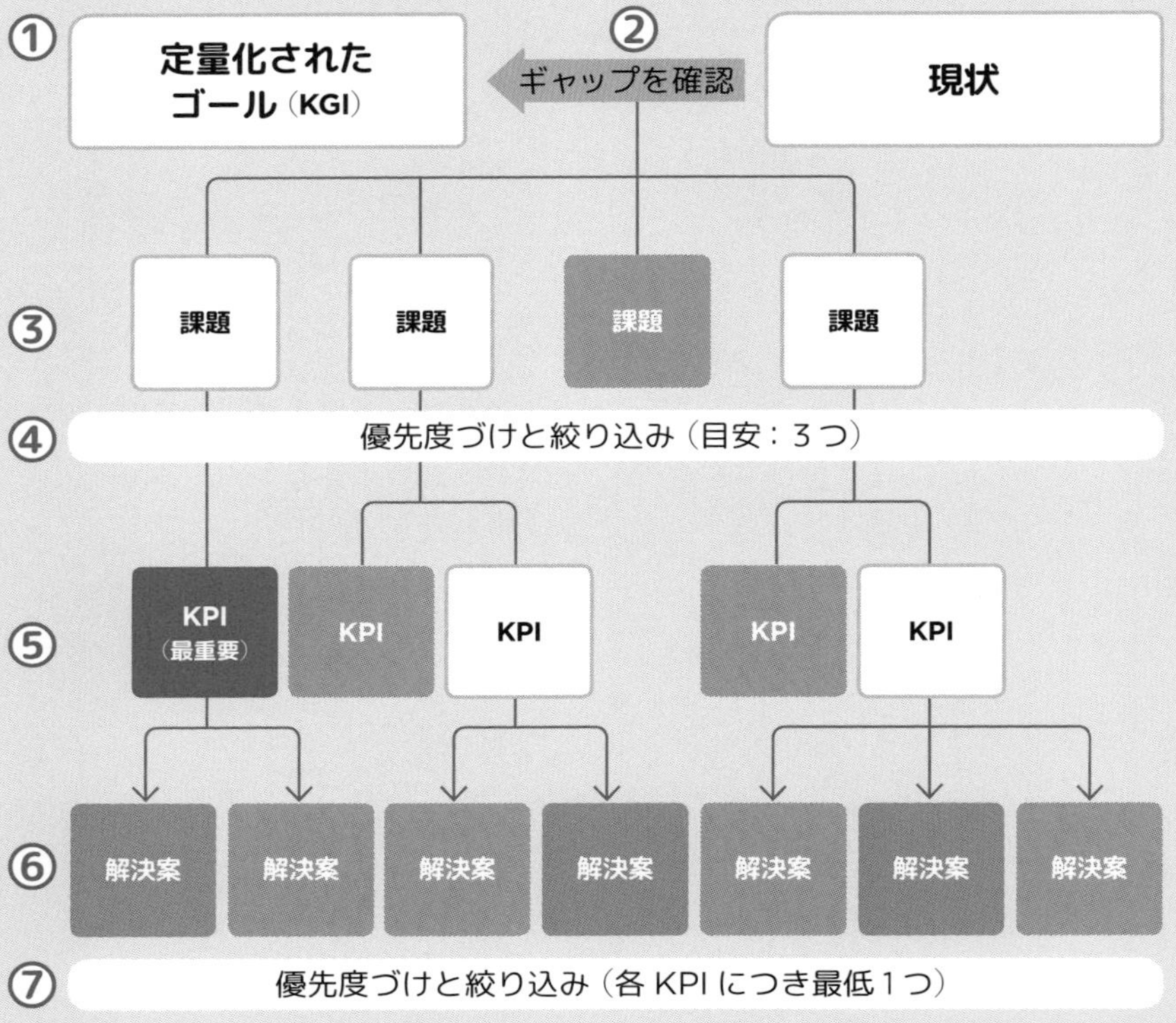

STEP ① ゴールを定量化する

STEP ② 現状とのギャップを洗い出す

STEP ③ ギャップを埋める課題を考える

STEP ④ 課題を優先度づけして３つにしぼる

STEP ⑤ 課題を KPI 化する

STEP ⑥ 解決案を考える

STEP ⑦ 解決案を優先度づけして４つにしぼる

STEP ⑧ 計画を見える化する

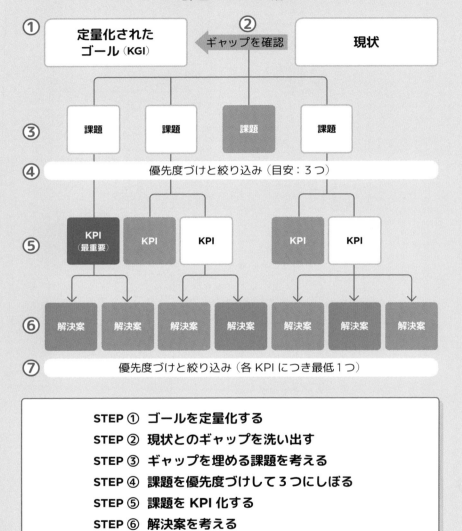

3章

実行編

予定通りにやり切る行動力の正体

計画をしっかり立てても、実行が伴わないと絵に描いた餅で終わってしまいます。実行力を上げるコツはやるべきことを明確にすること。「DO」を切り分けて日々実行しやすい「TODO」にすることが、本章のポイントになります。

DO 1

「DO」を「TODO」に落とし込む

計画の実行とは、組織でいえば「解決案を業務フローに落とし込み、チームであれば担当者にアサインし、スケジュールも切って、予定通りにやりきること」を指します。

この実行フェーズで最初に行うことは、前章の計画フェーズから受け継いだ解決案（課題解決のための方向性）を実現するために必要なアクションを考えることです。このアクションを、本書では「DO」と表現します。

例えば、「笑顔を鍛える」という解決案をDOにすると「セミナーに参加する」といったものが出てきます。しかし、このDOのままでは、まだ実際の行動に移しづらいのではないでしょうか。

そこで、**DOをもう一段具体的なタスクレベルに分解し、スケジュールを設定します。こうやってスケジュール化されたものを「TODO」と呼びます。**こうすれば「今夜夕食を食べた後に申し込みをする」といったように、すぐに手を付けられるレベルの話になります。

解決案を分解したものがDOで、DOを分解したものがTODOになります。

わざわざDOをTODOに分解する理由は、DOの状態だけでは、仕事を抱えっぱなしになってしまうことが多いからです。簡単なDOや緊急性の高いDOであれば、すぐにTODO化して終わらせることできるでしょうが、手間のかかりそうなDOや緊急度の低いDOほど「わかってはいるが着手しづらい」状態になります。この場合、強制的に2階層で考える習慣をつけることで「DOまで考えたけど、まだTODO化していないな」と気づくきっかけを持つことができます。

次の項目では、この実行フェーズでつまずいてしまう、よくある3つのケースを紹介します。

「解決案」を実行できるように「DO」「TODO」に落とし込む

PLANで決めた「解決案」を実現するための行動が「DO」

「DO」をさらに分解したものが「TODO」
すぐに手を付けられる状態（スケジュール帳に書ける状態）まで落とし込む

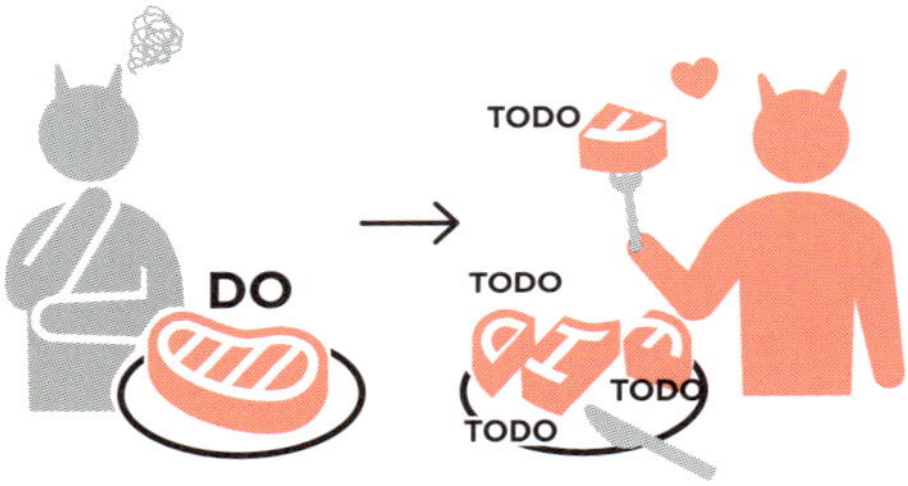

DOをTODOに切り分けると
手を付けやすくなる

例 受付突破率を上げるために何をすべきか

計画フェーズで決めたKPI

KPI	解決案	DO	TODO
受付突破 5%→15%	笑顔を鍛える	セミナーに参加する	今夜夕食食べた後に申し込みをする
		毎日笑顔を意識する	ルーチンチェックシート
	発声のトレーニングをする	発声のトレーニングセミナーに行く	今夜夕食を食べた後に申し込みをする
	営業術の本をたくさん読んでヒントを探す	図書館に行く	今週中に図書館に行く
		Kindleで探す	今夜夕食を食べた後に探す
		週2冊読む	ルーチンチェックシート

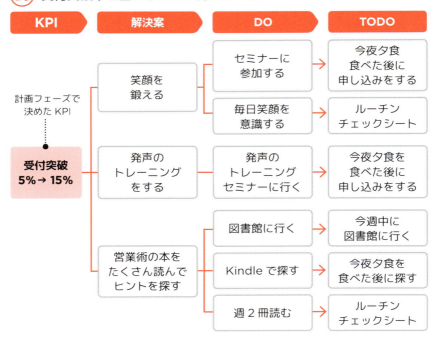

DO 2

実行に移せない3つのケース

1 計画自体が失敗している

PDCAが「DO」で止まってしまう理由として、計画がうまくいっていないケースがあります。社長の思いつきで突然、新規事業が立ち上がりノープランのままあるチームに丸投げする「**計画がない**」ケースはさまざまな職場で起こることです。また、人手が足りないのに「それをどうにかするのが君の仕事だろ」と突き放される「**計画が無茶**」なケースもあります。個人のPDCAでは「**計画が粗い**」ことが非常に多いです。例えばビジネス書から刺激を受けて自分の課題に気づいても、**具体的な解決案に落とし込まない**ために、たいていの人は読んで終わりになってしまいます。

2 タスクに落とし込めていない

次は、計画はうまくいっても、それを組織の業務フローや個人のタスク、具体的な行動スケジュールに落とし込むまで細分化していないために、やるべきことが不明瞭なまま、時間だけがすぎていくケースです。「**計画ができていればすぐに行動に移せる**」**と思い込みがち**ですが、例えば上司と部下の関係であれば、上司は「これをやれ」で終わらせずに、部下が「どうやってやればいいのか」まで判断できる能力があるか正しく見極めて、フォローすることが必要な場合があります。

3 失敗することが恐い

3つ目は、いざ計画を立てても仮説に自信が持てず、いつまでも行動に移せないケースです。

当社では部下がチャレンジに失敗しても「これで仮説の精度があがるね」と声をかけます。先に情報をたくさんかき集めることでも仮説の精度は上がるし、不安が解消されることもあるでしょうが、すべての石橋を叩いていては、スピードは一向に上がりません。

実行できない3つのケース

❶ 計画自体が失敗している

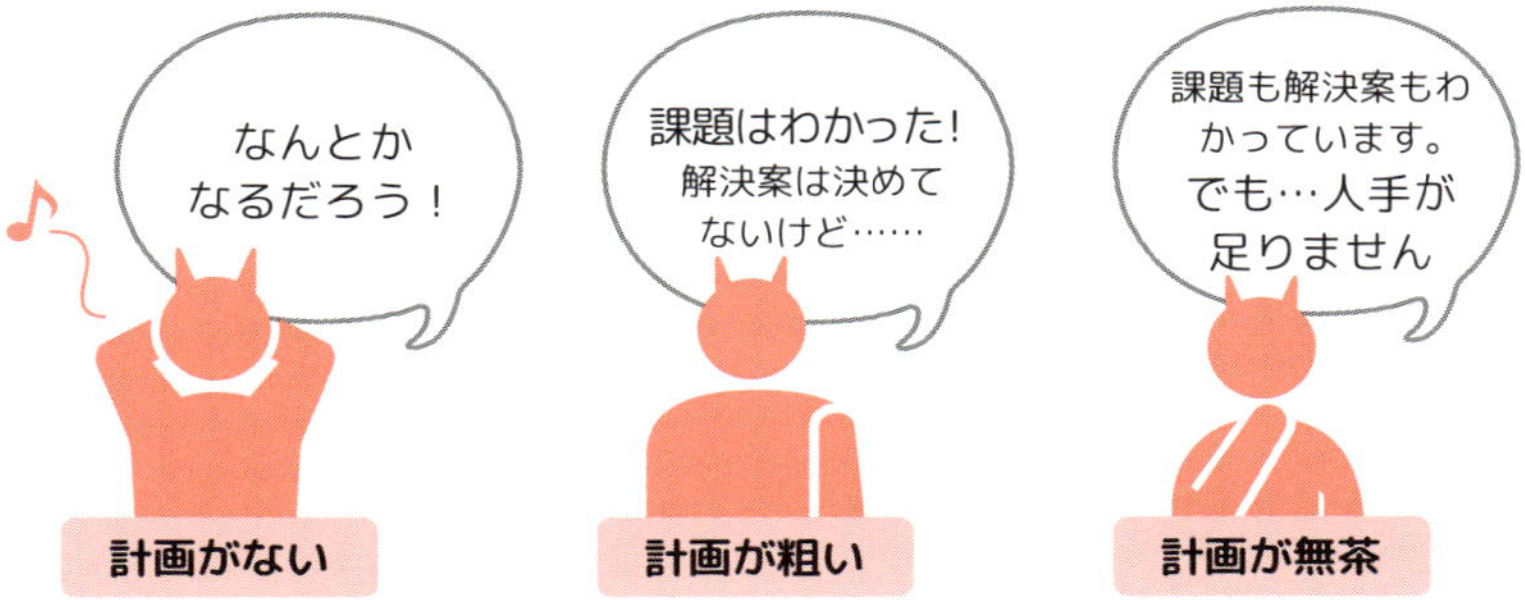

❷ タスクに落とし込めていない

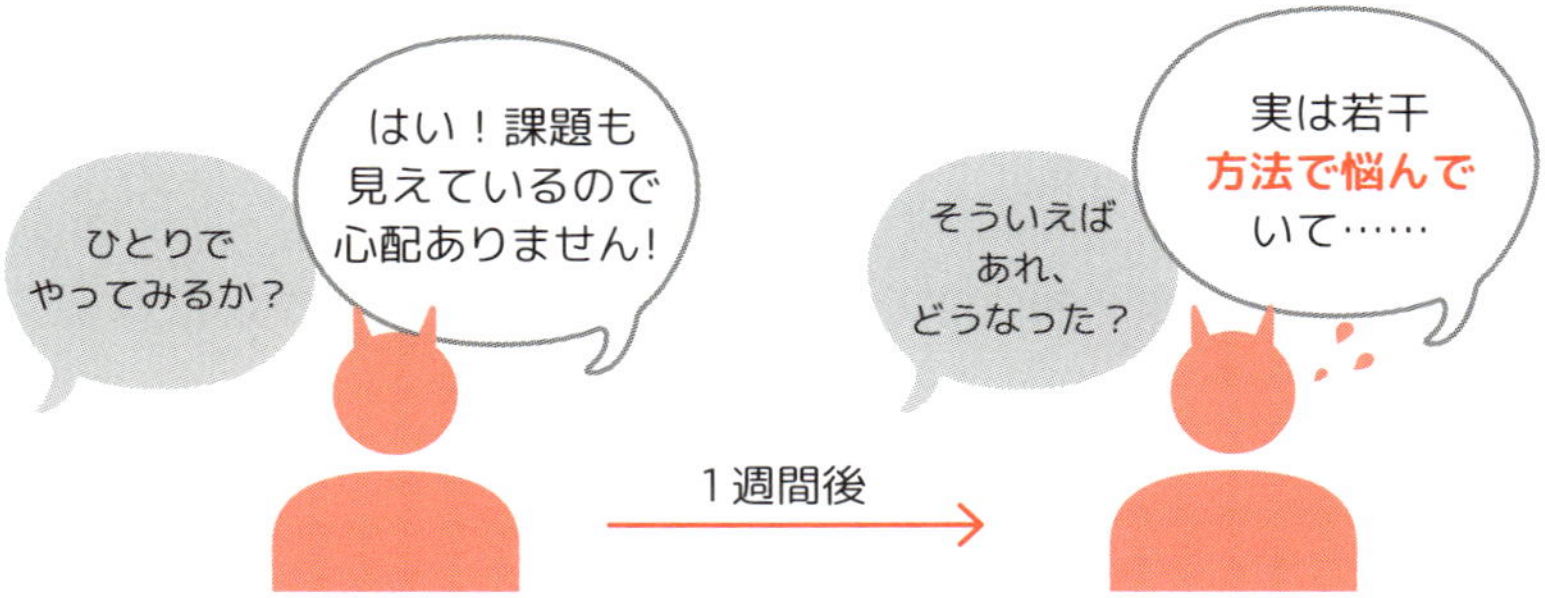

❸ 失敗することが恐い

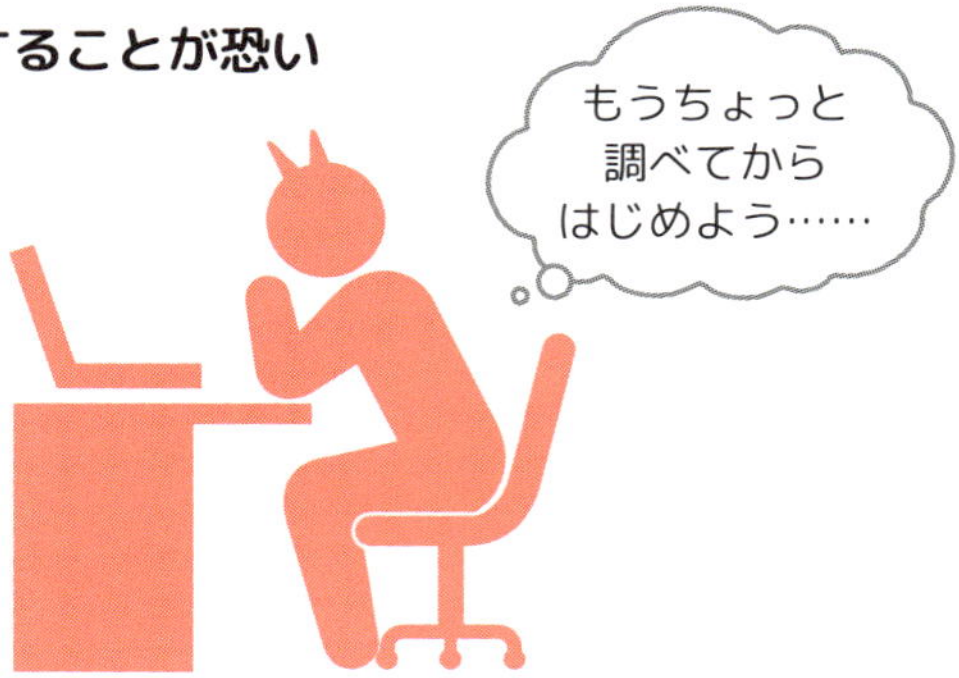

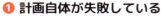

DO 3

STEP ① 解決案を「DO」に変換する

ここからは実行フェーズの各ステップについて説明していきます。実行フェーズのステップは、5つに分けられます。

第1のステップでは、計画フェーズで絞り込んだ解決案を、実際のアクションである「DO」に分解します。ただし、このDOにはさまざまな種類が考えられます。

解決案が具体的か抽象的か

解決案が抽象的だと、ここで考えられるDOの数は増えていきます。一方で、計画段階でかなり具体的なアイデアが湧いていれば、解決案がすでにDOレベルに落とし込まれているケースもあります。この場合は、その解決案をそのままDOにしても良いのですが、せっかくこのステップを踏むなら、あらためて他の手段（DO）はないのか検討してみることも大切です。

STEP ① -1　解決案が抽象的か具体的かでDOの数は変わる

抽象的な解決案の場合はDOが複数出る

解決案：体力を強化するべきだ
DO　：ジムに行こう
DO　：ジョギングを始めよう
DO　：バランスのいい食事をとろう
DO　：コンディショニングの本を20冊読もう
DO　：パーソナルトレーナーをつけよう

具体的な解決案の場合はDOとオーバーラップする

解決案：ブロックチェーンの専門家を雇うべきだ
DO　：ブロックチェーンの専門家を雇う

完結型のDOと継続型のDO

また、ひとつの解決案に対しても一度行動に移せば完了する完結型のDOと、継続的に行うDOが存在します。「セミナーを受講する」というように1回で終わるDOや、「このシリーズの本10冊を読めばいい」と終わりがわかっている場合は完結型のDOになります。一方で「1日10分、トレーニングをする」という期間の定まっていないDOは継続型にあたります。また、「後輩に優しく接する」「ハキハキしゃべる」といった定性的なDOも、KPIを達成するまで毎日続けることなので継続型に属します。

ひとつの解決案に対しても完結型と継続型のDOが混在するのは、いたって普通のことです。

EXAMPLE

解決案:クライアントともっと交流を深めるべきだ
DO:2ヶ月に1回、会食に行く(継続型)
DO:打ち合わせ前の雑談時間を増やす(継続型)
DO:ゴルフに誘ってみる(完結型)

STEP①-2　ひとつの解決案から完結型、継続型のDOが出てくる

解決案	DO
同僚に擬似プレゼンをしてフィードバックをもらう	同僚Aに協力を仰ぐ(完結型)
	同僚Bに協力を仰ぐ(完結型)
後輩に回せる仕事を回す	上司の許可を得てから引き続ぐ(完結型)
	定期的に仕事の棚卸しをする(継続型)
笑顔を鍛える	セミナーに参加する(完結型)
	動画を探す(完結型)
	毎日、笑顔を意識する(継続型)
営業術の本をたくさん読んでヒントを探す	本屋で買う(完結型)
	Kindleで探す(完結型)
	先輩から借りる(完結型)
	10冊読む(完結型)
	毎日30分読む(継続型)

DO 4

STEP② DOに優先順位をつける

ここのステップでは、**膨れ上がったDOを少しスリムにして、実行しやすくしていきます。**

ひとつの解決案につき最低ひとつのDOは実行に移したいので、解決案に対してDOがひとつしかない場合は無条件にそれを優先することになります。また、複数のDOがあっても「それをしないと始まらない」といった類のDOに関しても、無条件で優先します（例えば、資格勉強をするときの「参考書を買う」といったDO）。

それ以外の複数の選択肢があるものについては、あらためて「インパクト」「時間」「気軽さ」の指標で優先順位をつけ、やることを絞り込んでいきます。

このときの「時間」については、完結型のDOに関しては、実際の行動にかかる延べ時間を概算しましょう。継続型のDOに関しては、効果が出るまで続けることなので時間を記入する必要はありません。

3つの指標で優先順位をつける

1. インパクト
ゴール到達にとって効果がありそうかどうか

2. 時間
課題が達成されるまでに要する「期間」

3. 気軽さ
予算・マンパワー・リスクの少なさ・心理的な障壁が低いもの

選び方のPoint

- ひとつの解決案につき、最低ひとつのDOは残す
- 「それをしないと始まらない」ものは選ぶ
- それ以外は優先順位づけで選ぶ
（優先度はインパクト重視。時間がかからず気軽にできるものも上位に選んでいい）

STEP② 優先順位づけしてDOの数をしぼり込む

		インパクト	時間	気軽さ	優先度
同僚に擬似プレゼンをしてフィードバックをもらう	同僚Aに協力を仰ぐ	A	2時間	A	○
	同僚Bに協力を仰ぐ	A	2時間	B	
後輩に回せる仕事を回す	上司の許可を得てから引き続ぐ	無条件で選択			○
	定期的に仕事の棚卸しをする	A	—	A	○
笑顔を鍛える	セミナーに参加する	A	4時間	C	B
	動画を探す	B	1時間	A	Ⓐ
	毎日、笑顔を意識する	A	—	A	Ⓐ
営業術の本をたくさん読んでヒントを探す	本屋で買う	A	2時間	A	Ⓐ
	Kindleで探す	A	1時間	B	B
	先輩から借りる	B	48時間	C	C
	10冊読む	A	20時間	C	B
	毎日30分読む	A	—	A	Ⓐ

ひとつの解決案につき最低ひとつのDOは実行に移す

それをしないと始まらないものなので、無条件で選択

DO 5

STEP③

DOを定量化してKDIを設定する

「KDI」とは

計画フェーズで各課題をKPIという形で定量化したように、実行フェーズでは「DO」を定量化します。

この指標を「KDI」（Key Do Indicator）と呼びます。 これは「どれだけ計画を実行できたか」を表す指標で、KPIと区別するために私が作った造語です。

例えば、「1000ページの本を読む」というDOがあった場合、KDIを「本を読みきったかどうか」という0か1の数値にしたり、「全体の何%を読んだか」といった全体から見た達成率にしてしまうと、週に1回の振り返りをしたときに「その週の目標」が達成できたのかどうかが不明瞭になります。

このような大きなゴールを達成するには、「毎週200ページずつ読む」といったように、こまめな行動目標を立て、毎週その達成率を確認しながら軌道修正をしていくことが必要です。

この検証サイクルごとに細分化した目標のことを当社では「ラップタイム」と呼びます。

KDIを設定する目的

「KPIを決めてDOも決めたのに、なぜさらにKDIが必要なのか？」と思われる方もいるでしょう。

それは、結果（KPI）は簡単にコントロールできるものではないのに対し、**行動（KDI）はできるかできないか、やるかやらないかなので、自力でコントロールしやすいからです。**

また、多くの場合、行動の結果がKPIに反映されるまでには多少のタイムラグが発生するものです。

行動しなければ当然KPIも動きません。だからその分自分が確実に行動に移しているかどうかを見える化し、逐一チェックすることが重要になります。

KDI化のコツは完結型のDOと継続型のDOで異なるので、それぞれ解説していきます。

A 完結型のDOのKDI化

完結型のDOの場合は、比較的簡単に数値化できます。例えば企画を考えるのであれば「何本」、テレアポをするのであれば「何件」という数値に落とし込めます。ここで先ほど触れた「ラップタイム」を計算しておくことがコツです。基本的にはいつまでに達成するかを決めて、割り算をするだけです。

また、1回で完結するセミナー参加などの場合は、参加したかどうかをそのままKDIにします。

EXAMPLE

DO：テレアポを100本かける
……KDI：ラップタイム週20本
DO：セミナーに参加する
……KDI：1回参加する

KDI（行動指標）はKPI（結果指標）よりもコントロールしやすい

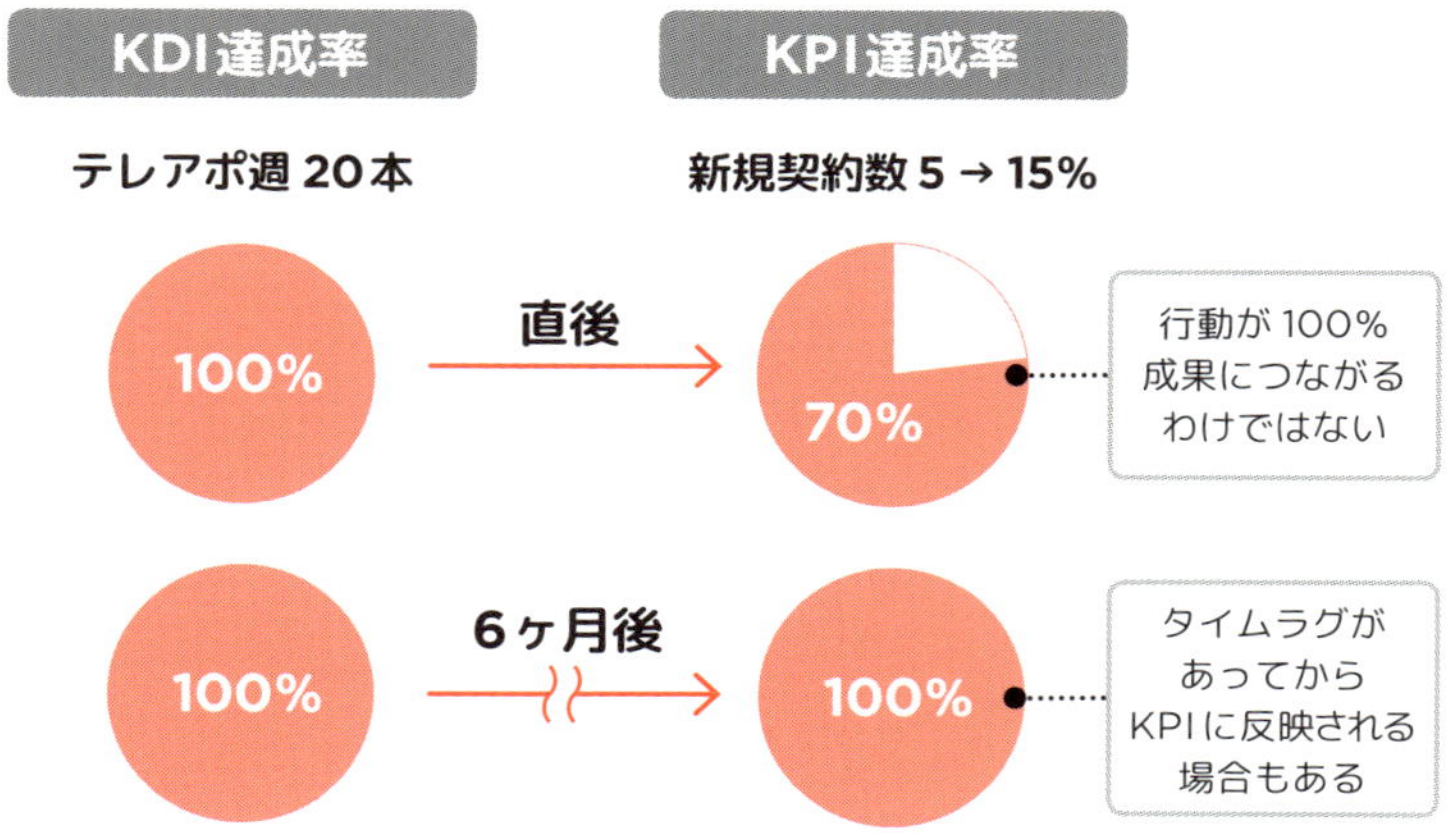

KDIは自分でコントロールして達成することができる

B 継続型のDOのKDI化

継続型のDOも、ラップタイムで追うと確実です。

例えば接客業に従事する人のDOが「目を見て挨拶をすること」だとします。これを無理やり数値化しようとしても、目を見られたかどうかを毎回メモするわけにはいきません。そんなときは「今日はお客様の目を見て挨拶できたか？」と毎日振り返りをして、点数をつけ、週単位などで平均値を確認します。

そのために私が昔から使っているのが下図の**「ルーチンチェックシート」**です。

これは自分のためのアンケートのようなもので、行動目標を書き、毎日点数をつけます。挨拶の例のように**「実行できたか」「できなかったか」を感覚的に評価するしかない行動であっても、その日のうちに振り返れば比較的正確に把握できます。**

私は毎晩寝る前に点数を書き込み、週末ごとに点

ルーチンチェックシートで継続型DOが数値化できる

	行動目標	日付／曜日	1 月	2 火	3 水	4 木	…
1	目を見て挨拶		◎	◎	○	◎	
2	本を週に30分読む		×	○	×	○	
3	笑顔を意識		○	◎	◎	△	
4	2時間英語に触れる		△	○	◎	△	

点数づけ
著者の場合は4段階評価
◎（3点）、○（2点）、△（1点）、×（0点）

▶ 1週間ごとなどで振り返り
平均値を継続的に確認する

1回でわらないDOや感覚的なDOも
ルーチンチェックシートを使うと数値化してKDIにできる

数化して、達成率を確認し、点数が低い場合はその部分の課題と解決案を明確化し翌週に臨んでいます。

また、毎日（または毎回）行うDOや、DOの段階ですでにラップタイムを課してあるものであれば純粋にそれが達成できたかどうかの達成率で追います。

EXAMPLE

DO：毎日笑顔を意識する
……KDI：「笑顔」の達成率
DO：週に2冊ずつ読む
……KDI：「週2冊」の達成率

STEP ③　絞り込んだDOからKDIを設定する

解決案	DO	KDI
同僚に擬似プレゼンをしてフィードバックをもらう	同僚Aに協力を仰ぐ（完結型）	（1回）擬似プレゼンをできたか
後輩に回せる仕事を回す	上司の許可を得てから引き継ぐ（完結型）	（1回）上司の許可を得て引き継ぎをしたか
	定期的に仕事の棚卸しをする（継続型）	3ヶ月に1回引き継げた率100%
笑顔を鍛える	動画を探す（完結型）	（1回）参考になる動画が見つかったか
	毎日、笑顔を意識する（継続型）	ラップタイム達成率80%
営業術の本をたくさん読んでヒントを探す	本屋で買う（完結型）	（1回）買ったか
	毎日30分読む（継続型）	ラップタイム達成率100%

継続型のDOはルーチンチェックシートを使い、ラップタイムの達成率で管理する

DO 6

STEP④ KDIを「TODO」に落とし込む

PDCAの典型的な罠なので何度でもいいますが、「何かをしよう」と決めたことは大抵の場合、DOのレベルで止まっており、具体的なタスクとして落とし込まれていないことが多いです。具体的なタスクとは、「これならいますぐに手をつけられる」というレベルまで落とし込むということです。

鬼速PDCAにおけるDOのTODO化とは、DOを実行の際に迷わないレベルまで分解することであり、期日の設定も含みます。むしろ、期日を切らないからDOが放置されるといってもいいでしょう。例を挙げるなら次のようなものです。

DO

2ヶ月に1回、会食に行く

TODO

EXAMPLE

(今日中に)先方のスケジュールをメールで確認
(日付が確定したら)店をネットで探す
(日付が確定したら)予約の電話を入れる
(日付が確定したら)自分の予定をブロックする
(予約が取れたら)先方に情報をメールで伝える
(予約が取れたら)上司に会食の旨を報告する

TODO化されたかどうかのひとつの基準は、「スケジュール帳に書き込めるレベルになっているかどうか」です。個人のPDCAでTODOを考える場合は、これを満たしていれば問題ありません。

唯一の例外が、継続型のDOで、なおかつ定性的なもの(例:早口でしゃべらない)です。これについては達成するまで毎日行うものなので、前述した「ルーチンチェックシート」(P.68)に入れておきましょう。

また、チームでPDCAを回しているときはTODOの割り振りが必要になります。TODO

を言い渡されたメンバーが勘違いをしたり、迷ったりしないためには、定番の6W3Hに落とし込むと正確さが増します。

・WHO（誰が）
・WHOM（誰に）
・WHEN（いつ）
・WHERE（どこで）
・WHAT（何を）
・WHY（なぜ）
・HOW（どうやって）
・HOWMANY（どれだけ）
・HOWMUCH（いくらで）

DOがTODOに分解されると、もはや言い訳の余地もないので、必然的に「もうやるしかない」という気分になります。 このメリットは果てしなく大きいものです。

KDIをTODOに変換する

解決案	KDI	TODO
同僚に擬似プレゼンをしてフィードバックをもらう	（1回）擬似プレゼンをできたか	今日中に打診／1週間以内に実施
後輩に回せる仕事を回す	（1回）上司の許可を得て引き継ぎをしたか	いますぐ上司に確認／今週中に引き継ぎ
	3ヶ月に1回引き継げた率100%	3ヶ月後の今日、実施
笑顔を鍛える	（1回）参考になる動画が見つかったか	今度、夕飯を食べたあとに探す
	毎日笑顔を意識する ラップタイム達成率80%	ルーチンチェックシートへ
営業術の本をたくさん読んでヒントを探す	（1回）買ったか	今週中に駅前の本屋に行き、買う
	毎日30分読む ラップタイム達成率100%	ルーチンチェックシートへ

- **スケジュール張に書き込めるか？**
- **継続型のものは「ルーチンチェックシート」へ**

DO 7

STEP⑤

TODOの進捗確認は毎日する

TODOが決まれば、あとは実行に移すだけです。しかし、ここで大事なポイントがひとつあります。

それは、「**KDIの進捗確認は検証フェーズで行うが、TODOの進捗確認は実行フェーズに含まれる**」という点です。「実行フェーズが終われば自ずと検証フェーズに入るのだから同じことなのでは？」という意見もあると思うので、ここで簡単に説明します。

普段の業務の大半が「実行」で占められていることからもわかる通り、PDCAサイクルの実態は「実行のサイクル」です。この実行のサイクルを唯一脱するタイミングが、検証を行うときです。つまり個人であれば週ごとの振り返り、会社であれば進捗会議です。大きな問題が発生していたらこの検証フェーズで打開策を検討しますが、TODOが滞るたびに次の会議まで問題を保留にしていては、明らかに時間の無駄です。

よって、**実行速度を上げるためにはTODOの進捗確認を実行フェーズで行うべきなのです。**それがこのステップ⑤です。

具体的には、毎朝仕事を始める前にその日のTODOリストをつくり、予定より遅れていればペースを上げるといった「帳尻合わせ」を日中に何回か行います。**継続型のTODOに関しては、毎日ルーチンチェックシートで達成率を確認**します。

TODOをこまめに確認していれば、たいていのことは少しペースアップしたり、昼休みを少し短縮したりするくらいで間に合います。フルマラソンを走るときの1キロごとのペース配分の確認が検証フェーズだとすれば、TODOの確認は絶えず行うフォームの確認のようなものだといえるでしょう。

DO応用編 1

タイムマネジメントの3大原則とは？

当たり前のことですが、そもそも時間がなければ、いくらTODOが整理されていても実行には移せません。

とくに若いビジネスパーソンは、チームを率いるような立場になってはじめてタイムマネジメントの必要性を痛感する人が多いようです。PDCAを通して、なるべく早いうちに身につけておくことをおすすめします。

タイムマネジメントには3つの原則があります。

① 捨てる　② 入れかえる　③ 圧縮する

この①から③の順番で行うことがポイントです。真っ先に考えるべきは「いま抱えているDOで捨てられるものはないか？」です。これが一番簡単で、最も効果があります。

その次に、新しいDOと既存のDOの優先度を比較して入れかえることを考え、それでも時間が足りなければ、ルーチンを見直して時間を圧縮できないか検討するようにしましょう。

「3原則」で時間を捻出する

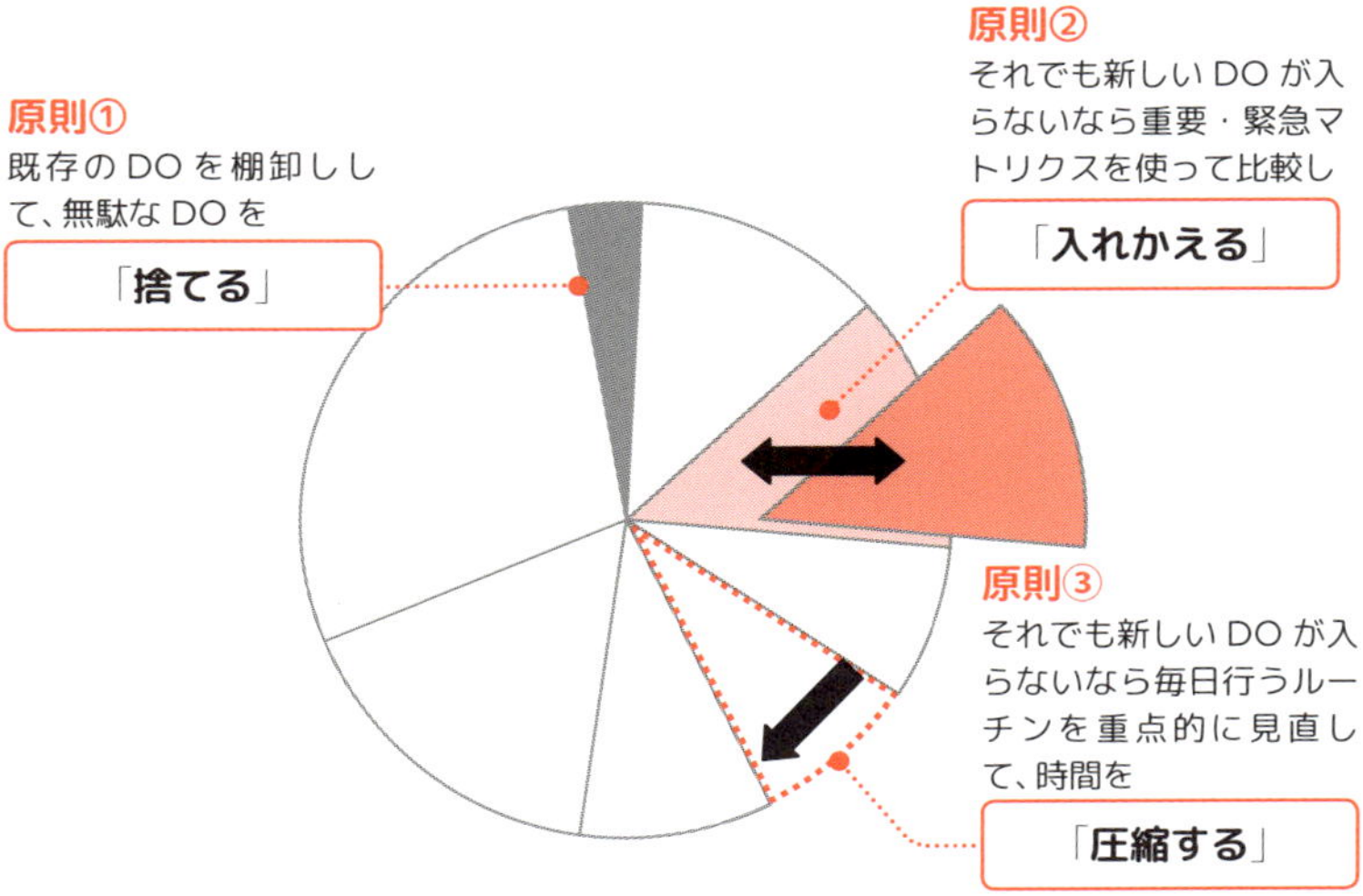
原則①
既存のDOを棚卸しして、無駄なDOを
「捨てる」
原則②
それでも新しいDOが入らないなら重要・緊急マトリクスを使って比較し
「入れかえる」
原則③
それでも新しいDOが入らないなら毎日行うルーチンを重点的に見直して、時間を
「圧縮する」

DO 応用編 2

タイムマネジメントの原則①

捨てられるDOを見つける

まず考えるべきなのが「いま抱えているDOで捨てられるものはないか?」ということです。捨てられるDOを見つけるには、現状のDOをすべて洗い出し、その時間配分を把握する必要があります。

棚卸しの単位は1週間程度にするといいでしょう。職場なら1日平均9時間働いていたとして5日で45時間。その45時間をどんな作業で何時間使っているのかを書き出します。各業務に1日どのくらい時間をかけるか計測して、それを週に何回行うかで掛け算します（資料づくり15時間、電話対応4時間、など）。付録として、実際に当社で活用している「**工数棚卸しシート**」も巻末からダウンロードできるのでご活用ください。

この棚卸し作業が強烈に効果を発揮するのは、プライベートな時間の棚卸しです。一度シビアに書き出してみると、自分が想像していた以上に無駄な時間が多いことを知って驚くでしょう。

仕事を洗い出して「捨てる」時間を見つける

1週間分の業務内容と時間を棚卸しして、見える化する

行動	1日にかける時間	回数（/週）	1週間にかける時間
メール	1	5	5
資料作り	5	3	15
電話対応	0.8	5	4
ミーティング	1	2	2

この仕事は
他の人に
任せられそうだ

DO応用編 3

タイムマネジメントの原則②

重要・緊急マトリクスで分類して入れかえる

さて、余分なDOを捨てても、なお新しいDOを実行する時間がないなら**既存のDOと新しいDOを優先度で比較**して入れかえます。そこで使うのが『7つの習慣』でおなじみの「重要・緊急マトリクス」です。

横軸が緊急度、縦軸が重要度で、第Ⅰ事象から第Ⅳ事象まで、下の図のように分けられます。

そこに、先ほど洗い出した既存のDOを分類していきます。

重要度：3段階に分けて、上位の2つを重要領域に、最下位を非重要領域に置く

緊急度：3ヶ月未満にやるべきことであれば緊急、3ヶ月以上であれば非緊急に置く

優先順位の低い既存のDOを見つける

分類が終わったら、入れかえできそうなDOを探します。入れかえの候補は次の順に考慮しましょう。

重要度と緊急度で分ける

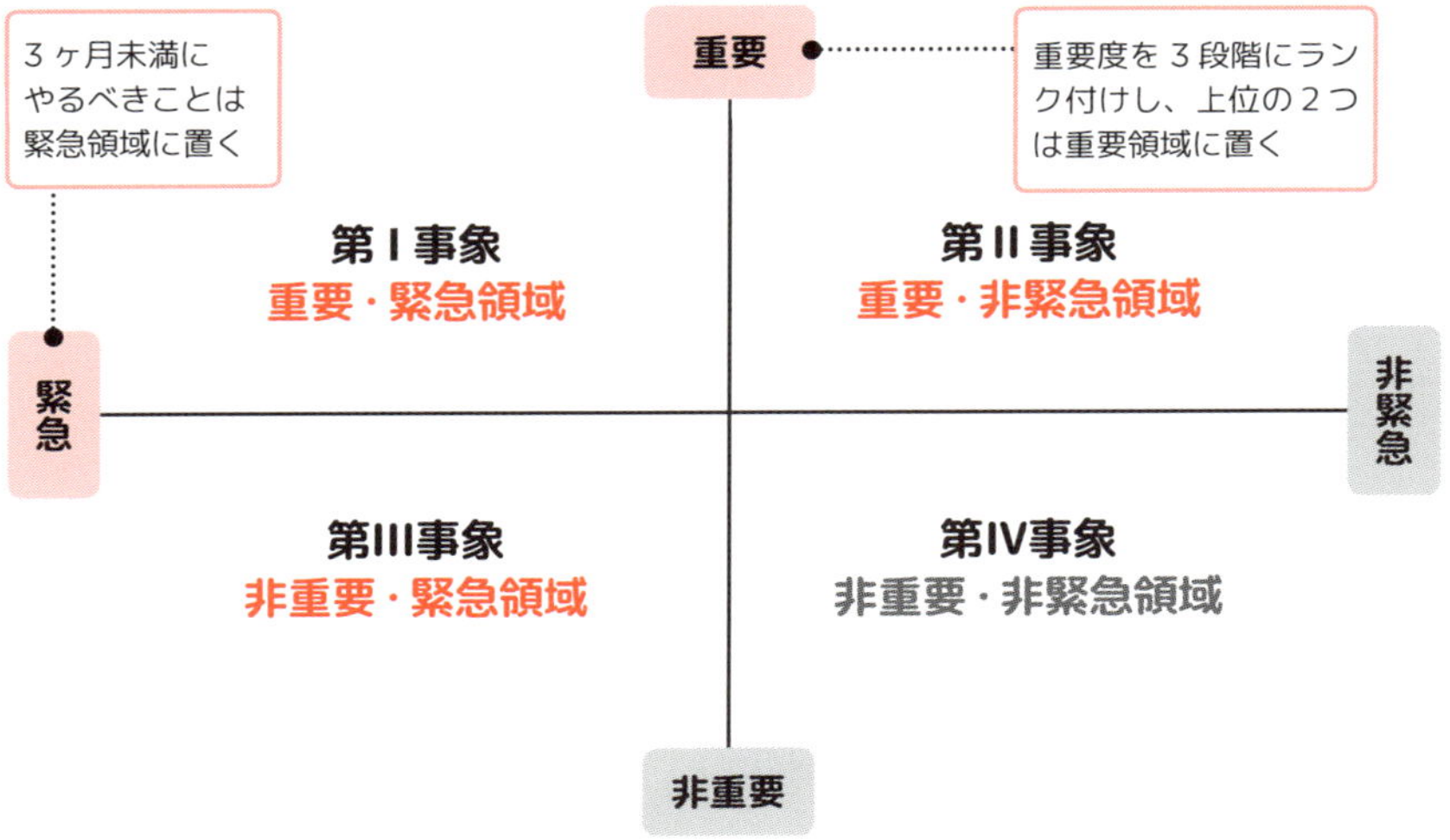

1　第Ⅳ事象（非重要・非緊急）
2　第Ⅲ事象（非重要・緊急）
3　第Ⅱ領域（重要・非緊急）ｏｒ
　第Ⅰ事象（重要・緊急）

当然、**入れかえの第一候補が第Ⅳ事象**になることはおわかりでしょうが、**第二候補になるのは、緊急ではあるものの重要度は低い第Ⅲ事象です。**この第Ⅲ事象に入ってくる典型的なＤＯには次のようなものがあります。

第Ⅲ事象の例
・上司の思いつきで振られた雑用
・形骸化した会議や報告書
・友人からの酒の誘い
・配偶者のご機嫌取り

誤解を恐れずにこれらの共通点を言えば「他人は要求してくるが、自分のことだけ考えるのなら優先順位は低いこと」です。つまり相手との調整ができれば無駄が省ける可能性が残されています。

重要・緊急マトリクスで削れる既存のDOを見つける

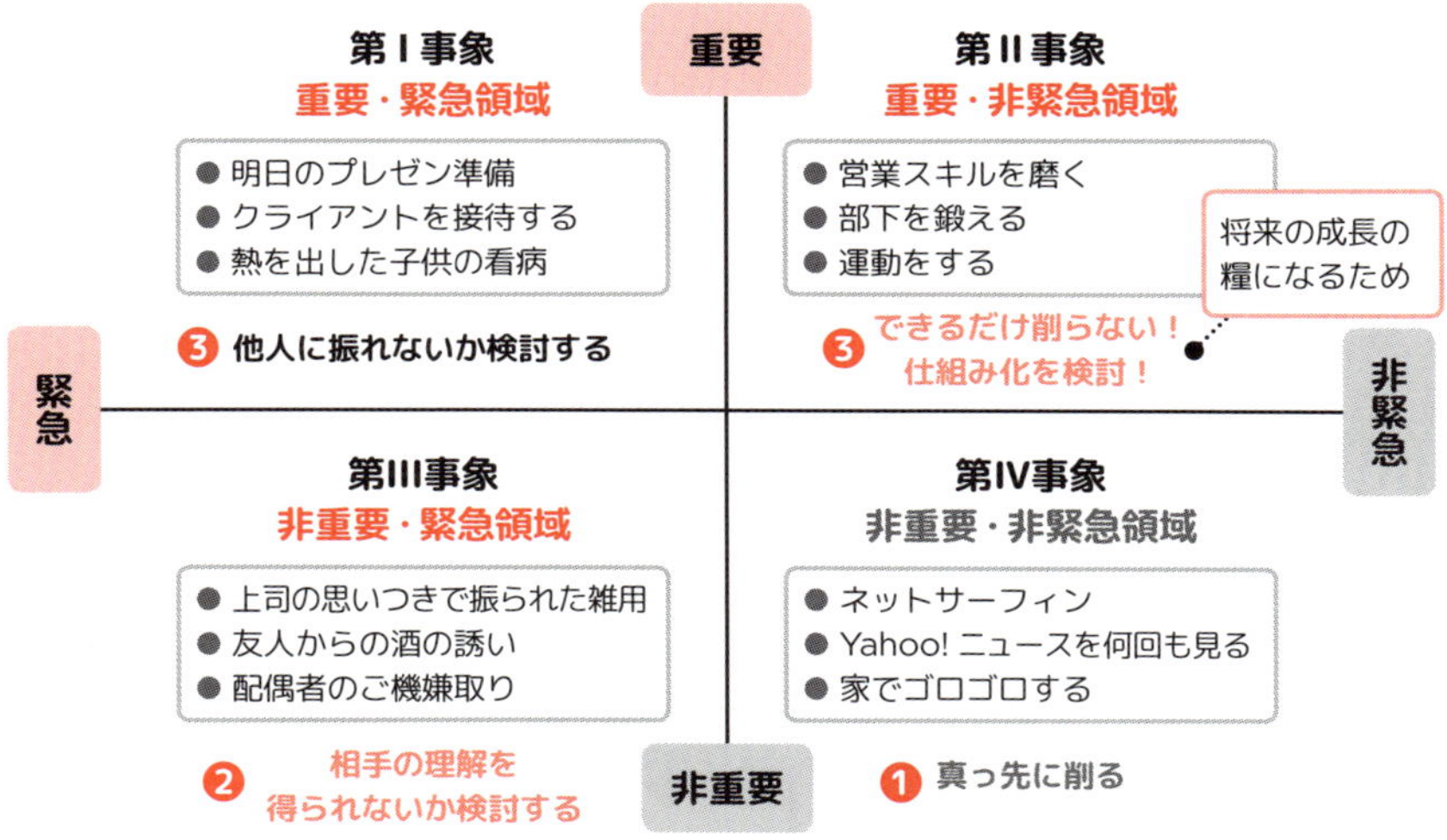

削ってはいけない既存のDO

一般論で言えば、第3候補は緊急度の低い第Ⅱ領域（重要・非緊急）になると思われがちです。とくに新しいDOが急を要するものであれば、新しいDOを優先させようと考えるかもしれませんが、**個人的にはこの第Ⅱ事象はできるだけ削るべきではないと考えています。**なぜなら**この領域は将来の成長の糧となるものだからです。**以下に、わかりやすい例をあげます。

仕事での第Ⅱ事象の例

・営業スキルを磨く
・海外のニュースをチェックする
・部下を鍛える

プライベートでの第Ⅱ事象の例

・英会話を学ぶ
・運動をする
・結婚相手を見つける

このようにいずれも「将来、大きなリターンが期待できるもの」です。例えば、宿題を終わらせる行為は緊急性が高いですが、毎日、自主的に勉強する行為は非緊急です。しかし、やっていることは勉強なので、いずれも重要度は高くなります。よって、緊急性だけで第Ⅱ事象を切り捨ててしまうと、「勉強する」「スキルを磨く」「鍛える」といった、あらゆる自己研鑽のためのタスクが切られてしまうことになります。

とくに仕事の生産性を上げるタスクは、中長期的に考えれば絶対にプラスになります。高速でブラインドタッチができるようになれば一生で何千時間も浮くのに、ほとんどの人はそれを鍛えずに緊急性の高いタスクに振り回されています。

なので「鬼速」を目指す読者には、第Ⅱ事象をできるだけ削らない前提で策を練ってほしいと願います。それよりも、第Ⅰ事象（重要・緊急）のタスクを他人に振ったり、協力を得たりできないかを検討するようにしましょう。

DO
応用編
4

タイムマネジメントの原則③

非効率なルーチンを見直す

さて、余分なDOを捨てても、なお新しいDOを実行する時間がないなら、「時間の圧縮」を行いましょう。

このとき、再度役に立つのが「捨てる」ステップで行った既存のDOの洗い出しです。それらのDOのなかで「**より短い時間で終わらせる方法はないか？**」と考えます。

毎日、何の疑問も抱くことなく続けているルーチンのなかにこそ、非効率なものが潜んでいます。一例を挙げれば、1日に約50件のメールを受信する私の場合、1週間のうち「メールチェックと返信」に費やす時間は5時間近くありました。この時間をもっと削れるのではないかと思い、件名だけで見るべきかどうかを判断するようにしたり、（基本ではありますが）返信する際の定型文の辞書登録を増やしたりと工夫をこらして、これを3時間分圧縮することに成功しました。こういったルーチンを短縮できれば、かなりの時間を捻出できるのです。

ルーチンには非効率な作業が多い

原則①（P. 74）
捨てられるDOを見つける

→

列挙したルーチンの中で
効率化して圧縮できる部分が
ないか考える

具体例

メールが1日に数十件届くため
「メールチェックと返信」に1週間で5時間費やしている

- 件名だけで見るべきかどうかを判断する
- 返信する際の定型文の辞書登録を増やす
- 人に任せられることは任せる
- メール返信のみに集中する時間をつくり、他の時間にはメールは開かない　etc...

基本的だと思うことも改めて見直して改善点を洗い出す

1週間でメールに費す時間を3時間分圧縮することに成功！

DO応用編 5

タイムマネジメントで仕事量を調整する

さて、ここまでタイムマネジメントの具体的な方法を紹介してきましたが、そもそもなぜタイムマネジメントが重要なのでしょうか。

忙しさや業務の難易度は、心理的な負担からコンフォートゾーン、ラーニングゾーン、パニックゾーンの3段階に分割できます。コンフォートゾーンは「やりたいことしかやらない」居心地がいい状態、ラーニングゾーンは適度に忙しいが充実感がある状態、パニックゾーンは完全に自分のキャパシティを超えるほど忙しい「逼迫した」状態を指します。

人や企業が成長するためには、コンフォートゾーンを出ることが大前提ですが、あまりに仕事の難易度が上がり、業務量が増えると、パニックゾーンに入ってしまって一気に生産性が落ちてしまいます。

よって、**理想は、常に「適度に忙しい」状態のラーニングゾーンを維持することです。**そして、そのためにはタイムマネジメントで適時、自分の抱える仕事量を調整する必要があるのです。

3つのゾーンにおける心理的負担

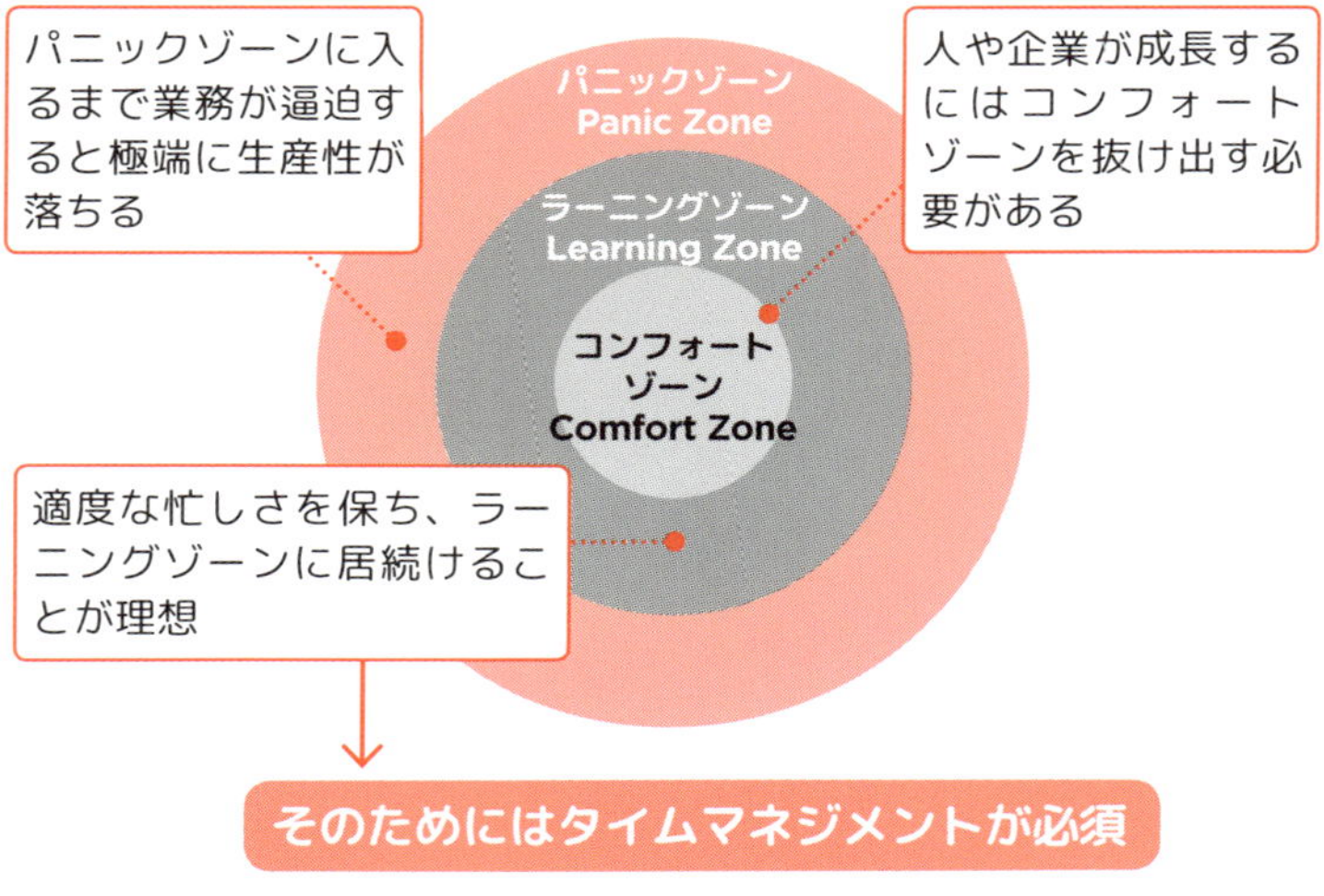
パニックゾーンに入るまで業務が逼迫すると極端に生産性が落ちる
人や企業が成長するにはコンフォートゾーンを抜け出す必要がある
パニックゾーン
Panic Zone
ラーニングゾーン
Learning Zone
コンフォートゾーン
Comfort Zone
適度な忙しさを保ち、ラーニングゾーンに居続けることが理想
そのためにはタイムマネジメントが必須

図でよくわかる！ 鬼速PDCA実行編

DOを「TODO」に切り分けて即座に行動に移し、
頻繁に振り返りをすることが重要です。
モチベーションの高さゆえの詰め込みを避けるため
STEP ②で優先順位をつけることも、PDCAを
回し続けるポイントです。

2章 「計画（PLAN）」で絞り込んだ解決案

STEP 1 解決案を「DO」に変換する

解決案	DO
同僚に擬似プレゼンをしてフィードバックをもらう	同僚Aに協力を仰ぐ（完結型）
	同僚Bに協力を仰ぐ（完結型）
後輩に回せる仕事を回す	上司の許可を得てから引き続ぐ（完結型）
	定期的に仕事の棚卸しをする（継続型）
笑顔を鍛える	セミナーに参加する（完結型）
	動画を探す（完結型）
	毎日、笑顔を意識する（継続型）
営業術の本をたくさん読んでヒントを探す	本屋で買う（完結型）
	Kindleで探す（完結型）
	先輩から借りる（完結型）
	10冊読む（完結型）
	毎日30分読む（継続型）

STEP 2 DOに優先順位をつけ、やることを絞る

解決案	DO
同僚に擬似プレゼンをしてフィードバックをもらう	同僚Aに協力を仰ぐ（完結型）
	同僚Bに協力を仰ぐ（完結型）
後輩に回せる仕事を回す	上司の許可を得てから引き続ぐ（完結型）
	定期的に仕事の棚卸しをする（継続型）
笑顔を鍛える	セミナーに参加する（完結型）
	動画を探す（完結型）
	毎日、笑顔を意識する（継続型）
営業術の本をたくさん読んでヒントを探す	本屋で買う（完結型）
	Kindleで探す（完結型）
	先輩から借りる（完結型）
	10冊読む（完結型）
	毎日30分読む（継続型）

STEP 3 DO を定量化する（「KDI」を設定する）

解決案	DO	KDI
同僚に擬似プレゼンをしてフィードバックをもらう	同僚 A に協力を仰ぐ（完結型）	（1 回）擬似プレゼンをできたか
後輩に回せる仕事を回す	上司の許可を得てから引き継ぐ（完結型）	（1 回）上司の許可を得て引き継ぎをしたか
	定期的に仕事の棚卸しをする（継続型）	3 ヶ月に 1 回引き継げた率 100%
笑顔を鍛える	動画を探す（完結型）	（1 回）参考になる動画が見つかったか
	毎日、笑顔を意識する（継続型）	ラップタイム達成率 80%
営業術の本をたくさん読んでヒントを探す	本屋で買う（完結型）	（1 回）買ったか
	毎日 30 分読む（継続型）	ラップタイム達成率 100%

継続型の DO はルーチンチェックシートを使い、ラップタイムの達成率で管理する

STEP 4 KDI を「TODO」に落とし込む

解決案	KDI	TODO
同僚に擬似プレゼンをしてフィードバックをもらう	（1 回）擬似プレゼンをできたか	今日中に打診／1 週間以内に実施
後輩に回せる仕事を回す	（1 回）上司の許可を得て引き継ぎをしたか	いますぐ上司に確認／今週中に引き継ぎ
	3 ヶ月に 1 回引き継げた率 100%	3 ヶ月後の今日、実施
笑顔を鍛える	（1 回）参考になる動画が見つかったか	今度、夕飯を食べたあとに探す
	毎日笑顔を意識する ラップタイム達成率 80%	ルーチンチェックシートへ
営業術の本をたくさん読んでヒントを探す	（1 回）買ったか	今週中に駅前の本屋に行き、買う
	毎日 30 分読む ラップタイム達成率 100%	ルーチンチェックシートへ

- スケジュール帳に書き込めるか？
- 継続型のものは「ルーチンチェックシート」へ

STEP 5 実行サイクル

4 章 「検証（CHECK）」へ

鬼速 PDCA 解剖図

―実行（DO）編―

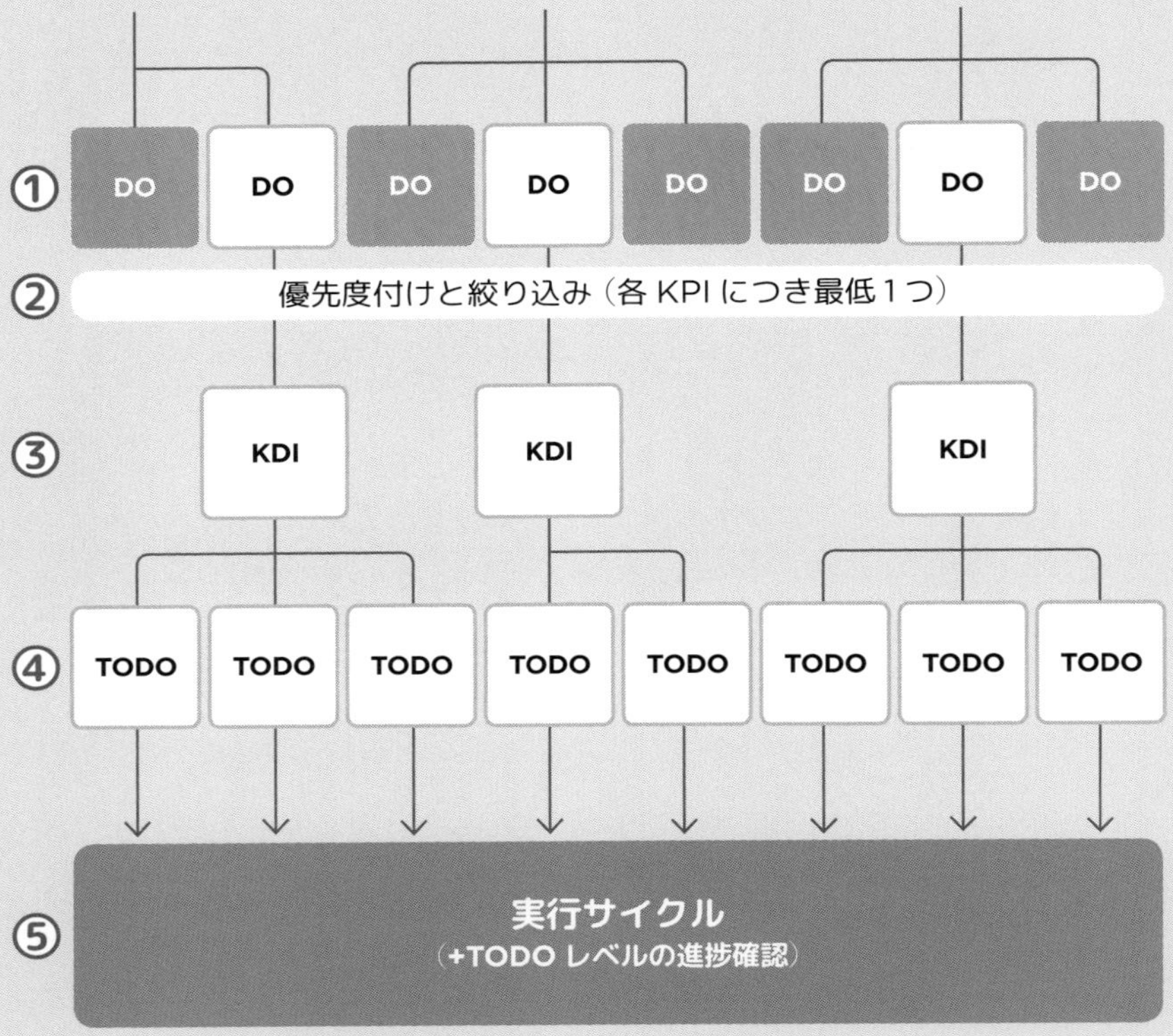

STEP ①　解決案を「DO」に変換する
STEP ②　DO に優先順位をつけ、やることを絞る
STEP ③　DO を定量化する（「KDI」を設定する）
STEP ④　KDI を「TODO」に落とし込む
STEP ⑤　進捗確認をしながら TODO を実行に移す

4章

検証編

検証スピードを上げて最速でゴールへ

せっかく計画を立てて実行したのに、検証をしない、もしくは形式的な検証で終えてしまう……という残念なパターンになっていませんか？ この章では適切な「振り返り」のやり方を説明します。

CHECK 1

こんな検証ではきっと失敗する

検証のフェーズではDOを振り返ればいいんだよね、と思いがちですが、曖昧な振り返りでは検証の意味がありません。**鬼速PDCAで検証するのは、KGI（ゴールの達成率）、KPI（サブゴールの達成率）、KDI（行動計画の達成率）の3つ**です。

検証フェーズでPDCAが失敗しやすいパターンは2つあります。**1つ目は、「せっかく計画を立て実行に移しているのに検証をしない」**パターン。対策としては、「時間があったらやろう」ではなく、あらかじめ検証の時間をカレンダーで押さえることが有効です。

2つ目は、「**ろくに計画も立てていないのに形式的に検証を行おうとする**」パターンです。「PDCAは振り返りが肝心」とばかりに週次で会議を開いても、計画や実行がグダグダであれば、まともな検証はできません。適切な検証のステップを、次ページからお話しします。

検証につまづく2つのポイント

CHECK 2

STEP① 達成率を確認する

検証するためには、まず3つの指標（KGI・KPI・KDI）の達成率を確認する必要があります。扱うテーマの細かさからいって、**検証頻度はKDIがもっとも高く、次にKPI、そしてKGIの順**になります。

週2回行う当社のチームミーティングのメイントピックはKDIです。KPIも取り上げることはありますが、重要KPIは成果が出る期間がマチマチなので、マネジメントレベルで週1回精査するものもあれば、3週に1回程度の頻度で精査を行うケースもあります。

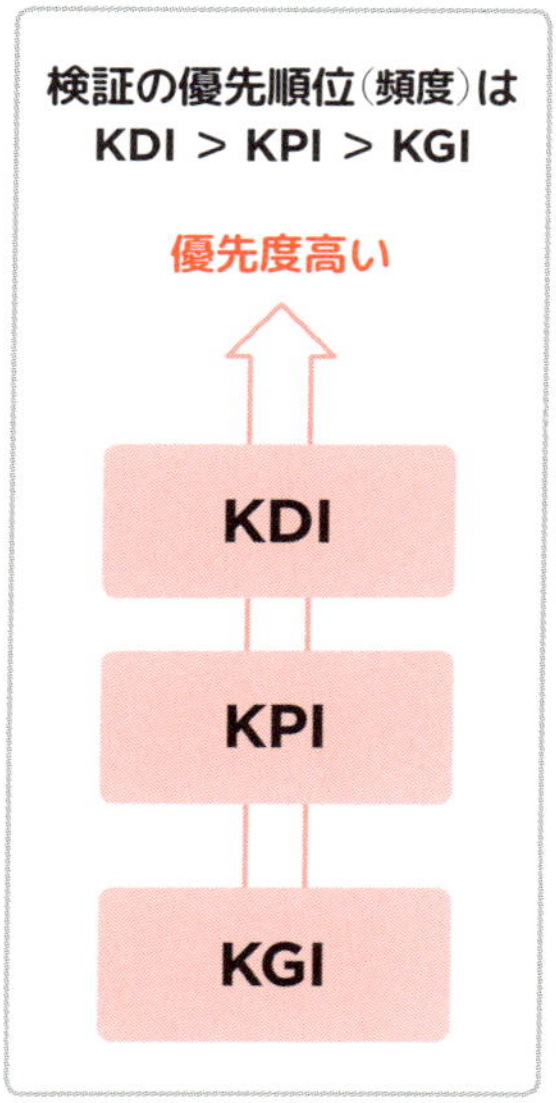

KGIは毎日把握する

KGIの本格的な検証は、月に1回から四半期に1回くらいになります。ただし、本格的な検証と対応策の検討は定例会議で行うとしても、日々の意識づけのためにも、数字の把握はチームメンバー全員が毎日行います。

KPIは「ラップタイム」で評価する

KPIは目標に対する達成率で評価します。ポイントは、あらかじめ検証の頻度に応じてKPIの尺度を合わせておくことです。例えば、KPIが年間売上1億円だとして、週に1回検証を行うときは、1年を約50週として割り算をすれば週の目標は200万円だと計算できます。

こうした**検証期間ごとにブレイクダウンしたKPIのことを「ラップタイム」と呼んでいます。**

その期間のラップタイムを達成したかを明確に把握することによって、反省点や課題がより明確になり、微修正をかけることができます。

KGI、KPI、KDI 各指標の達成率を確認する

● KGI：ゴールの達成率

検証頻度：1ヶ月〜1クオーターに1回

KGI	達成率
3ヶ月後には月10件、新規開拓をしよう **1ヶ月後の時点では6件だった** →	（1ヶ月後の時点） 達成率 60%

◎ KGIの設定　P.26

● KPI：サブゴールの達成率

検証頻度：1週間〜1ヶ月に1回

KPI	達成率
プレゼンの勝率 20%増	達成率 25%
アポイント1日3件増	達成率 66%
受付突破率 10%増（ラップタイム：5%増）	**達成率 25%**

◎ KPIの設定　P.34

ラップタイムに対しての達成率を検証

● KDI：行動計画の達成率

検証頻度：3日〜1週間に1回

	KDI	達成率
同僚に擬似プレゼンをしてフィードバックをもらう	（1回）擬似プレゼンをできたか	達成率 100%
	（1回）上司の許可を得て引き継ぎをしたか	達成率 50%
	3ヶ月に1回引き継げた率 100%	達成率 100%
笑顔を鍛える	（1回）参考になる動画が見つかったか	達成率 100%
	毎日、笑顔を意識する（ラップタイム 80%）	達成率 50%
営業術の本をたくさん読んでヒントを探す	（1回）買ったか	達成率 100%
	毎日30分読む（ラップタイム 100%）	達成率 30%

◎ KDIの設定　P.66〜

ラップタイムに対しての達成率を検証

そうした微修正の積み重ねによって最終的なゴールを実現できることこそ、PDCAの真髄なのです。

KDIを管理して成果につなげる

KDIは「予定通り行動できたかどうか」を示す指標です。「行動目標」の達成率（または進捗率）という形で表されます。

細かいTODOの進捗具合は基本的に毎日、確認と調整を行います。あるKPIを達成するために決めたDOが複数あれば、当然、KDIも複数存在するはずです。よって、**実際に振り返りをするときの大半の時間は、KDIの検証に費やされることになるはず**なのです。これは当たり前のようで、実は盲点です。

行動は100％成果につながるわけではなく、タイムラグもあるため、結果（KPI）はコントロールできません。しかし、行動（KDI）はコントロールできるのです。組織の成果を上げたいなら、**KDIの管理に、よりフォーカスすべき**でしょう。

なぜKPIよりKDIなのか？ ー上司と部下の会話で考えるー

上司「今週の売上、全然結果が出ないじゃないか」
部下「すみません。ちょっと時期的に優秀な派遣さんが確保しづらくて……」
上司「そんな細かい話はいいんだよ。まったく、どうやって上に報告すればいいんだ」
部下「ですから、方々の人材派遣会社にあたっているのですが……」
上司「だから、現場レベルの話は知らんと言っているだろう！」

部下としてはDOレベルの対策が必要だと言おうとしているが、上司はKPIばかりを意識してKDIレベルの話は部下に押しつけようとして、ラチがあかない。

結果（KPI）はコントロールできなくても**行動（KDI）はコントロールできるもの。**

▼

組織の成果を上げたいなら、KDIの管理に、よりフォーカスするべき

CHECK 3

STEP② できなかった要因を突き止める

KDIが未達のとき

予定していた行動目標が達成できないときに、真っ先に考えられる要因は「時間」です。

まずは要因を探るためのロジックツリーを掘り下げるQ1として「十分な時間をかけたか？」と問いかけることから始めるといいでしょう。

Ⓐ 時間をかけたが未達

もし十分な時間をかけたのなら、次にQ2として「なぜ時間をかけても未達なのか？」を考えます。

その答えが「実行にあたって障害があったから」なのであれば、Q3で、具体的にはどんな障害なのか分解していきます。

「時間をかけたがやり方に問題があった」というのであれば、やり方にフォーカスして徹底的な洗い出しが必要になります。

もし「目標が高すぎた」または「思った以上に手間がかかった」のであれば、どれくらいなら実行可能なのか検討して、次の調整フェーズでKDIを変更すればいいでしょう。

要するに、ここが要因だろうと思えるまで「なぜ？」「具体的に言うと？」という問いを繰り返せばいいのです。

Ⓑ 時間をかけられず未達

そして「時間がかけられなかった」と答えた場合は、Q4として「なぜ時間をかけられなかったのか？」を考えます。

「忙しかった」のであれば、たまたま突発的な案件が入って忙しかったのか、もともと抱えていたタスクが多すぎたのかで、その後の対策が変わるため、しっかり整理しておく必要があります。または「単にやる気が起きなかった」のであっても「具体的に言うと？」と掘り下げていき、その原因を整理します。

KDIが達成できていないときの要因の例

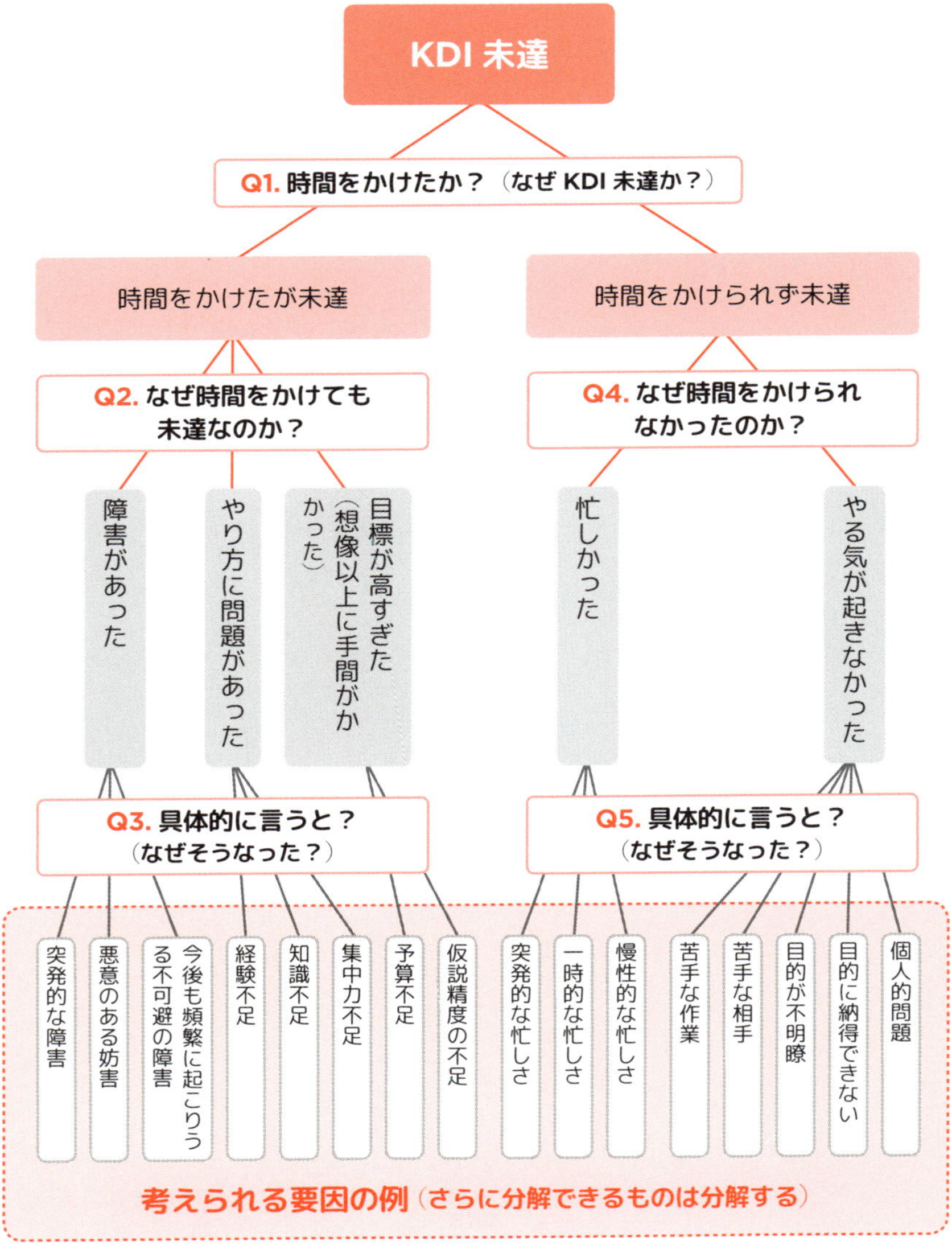

KPIが未達のとき

KPIが達成できないときの原因は、大きく分けると次の4つです。

・行動が伴っていなかった
・行動は合っていたが不十分だった（KDIが未達）
・想定していなかった課題があった（DOの不足）
・仮説で立てた因果関係が間違っていた（課題が未発見）（KPIとKDIの連動性が取れていない）

Ⓐ行動が伴っていなかった

1つ目のケースは、誰でも気づきます。KPIはKDIの積み重ねなので、行動が伴わずKDIが未達なら当然KPIは達成できません。この場合は、前のページのKDI未達のWHYツリーを使って要因を突き止めます。行動が伴っておらず、他にも要因があるケースの場合は発見が遅れるので、TODOレベルの進捗管理をこまめに行いながらKDIを確実に達成していくことが重要になります。

Ⓑ行動は合っていたが不十分だった

2つ目は、KDIは達成しても、そのKDIだけではKPI達成には足りなかったケースです。DOの段階でふるいにかけているはずなので、次の調整フェーズで保留にしてあるDOを追加してみればいいでしょう。

Ⓒ想定していなかった課題があった

3つ目は、計画の段階で把握しておくべき要素を見落としていたときに起こります。この課題を発見できるかどうかは、メンバーの経験値によるところが大きいのですが、**真っ先に疑うべきは自分の「思い込み」**です。検証フェーズに入ったときは、仮説に自信がある人ほど謙虚に自分を疑ってかかることが重要です。計画の段階からさまざまな可能性を探った結果、「いろんな可能性があるけど、今回はこの仮説を試そう」と思える人は、検証フェーズでも冷静に仮説を疑うことができます。

また、真の要因が見えないときに「縦」の深掘

KPIが達成できなかったときの4つの原因パターン

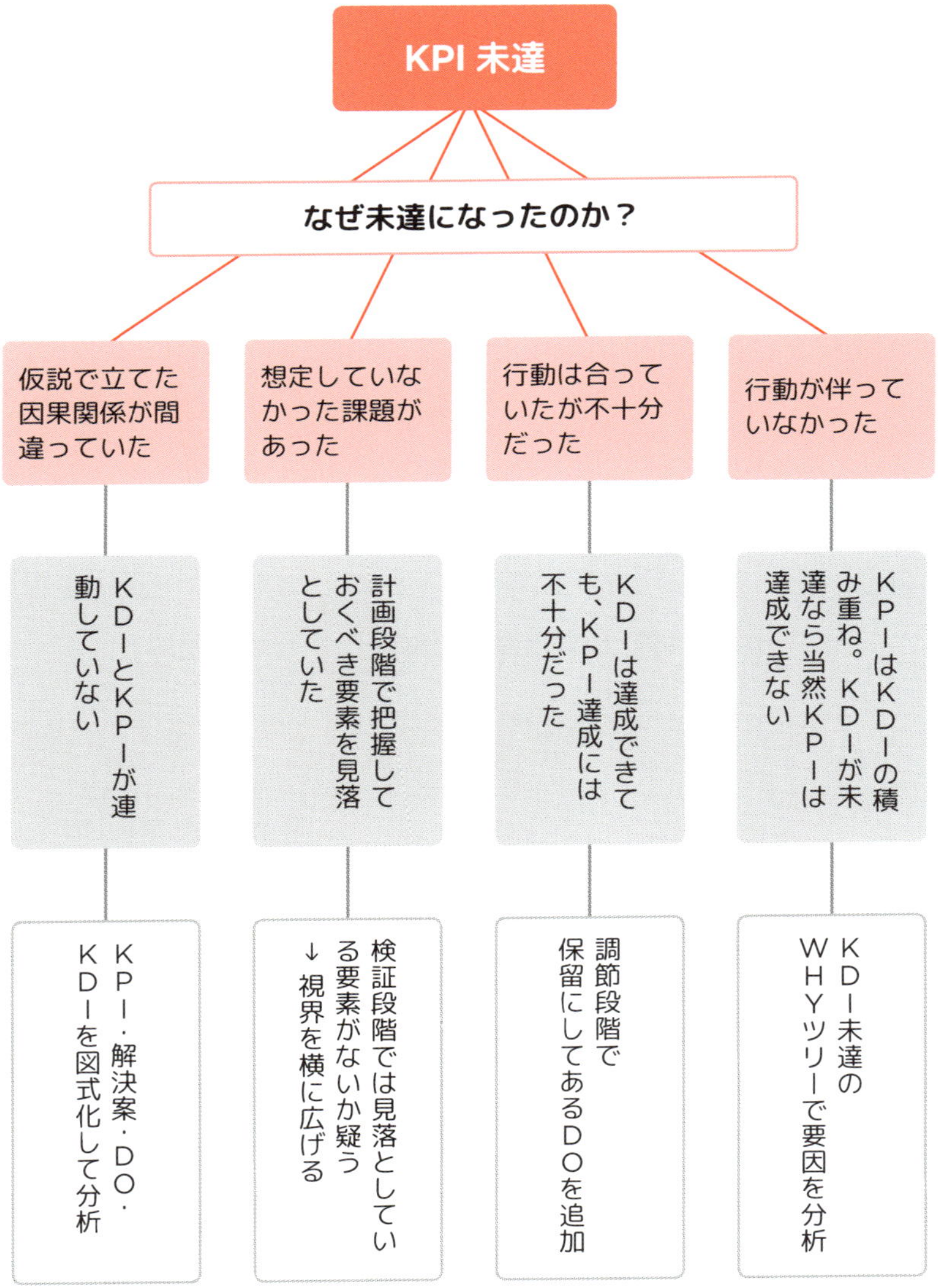

りが足りていないケースは滅多にありません。**たいていの課題は「横」、つまり視界の外にあります。**

ここでの要因分析は計画フェーズの課題抽出とまったく同じです。ただ、計画時に立てた仮説が間違っていた可能性があることを踏まえると、計画のときより広い視点を持って分析する必要があります。私の経験上、「人」「情報」「地域」「時間・時期」「ターゲット」「コミュニケーション」にまつわることに、見えない課題が頻繁に隠れています。下のように、問いかけることで、隠れていた要因が見えてくるようになります。

D 仮説で立てた因果関係が間違っていた

これまでの視点で課題が見つからないときは、仮説で立てた「因果関係」が間違っていたことを疑います。つまり「KDIとKPIが連動していない」ケースです。

KPIとは定量化された目標と現状のギャップに対する課題であり、KDIとは定量化されたDOです。よって誤りが潜んでいるのは、「KPI

「横」に視野を広げ課題を掘り出すための質問

カテゴリ	質問	概要
人	この人だったから問題だったのでは？	実行者の手段、コンディション、能力、経験、態度など
情報	この情報だったから問題だったのでは？	正確度、新鮮度、作為的なミスリードなど
地域	この地域だったから問題だったのでは？	国民性・県民性、監修、文化、人口構成など
時間・時期	この時間・時期だったから問題だったのでは？	時間帯、曜日、繁忙期、祭日、季節のイベントなど
ターゲット	このターゲットだったから問題だったのでは？	地位、業界、年齢、性別、性格、理念など
コミュニケーション	このコミュニケーションだったから問題だったのでは？	方法、印象、納得性、信用性、心理的負担など

と解決案の関係（間違った解決案）」「解決案とDOの関係（間違ったDO）」「DOとKDIの関係（間違ったKDI）」のいずれかでしょう。

PDCAはあくまでも仮説で動くので、こうした事態は珍しくありません。間違っていることに早く気づくことが肝要です。

KGIが未達のとき

KDIもKPIも順調に行っているのにKGIがピクリとも反応を見せないのであれば、考えられる要因は2つあります。「KGIと課題の連動が取れていない」もしくは「課題とKPIの連動が取れていない」のいずれかです。

前者は「頑張っているのに商品が売れないんです」と嘆く中小企業経営者や、「誰よりも訪問件数が多いのにいつも営業成績がビリなんです」と不思議がる営業マンが陥りやすいパターンです。

もっともクリティカルな課題を見落としていることに気づかず、成果につながらない努力ばかりをしていないかを検証する必要があります。

KGI、KPI、KDIの因果関係の確認

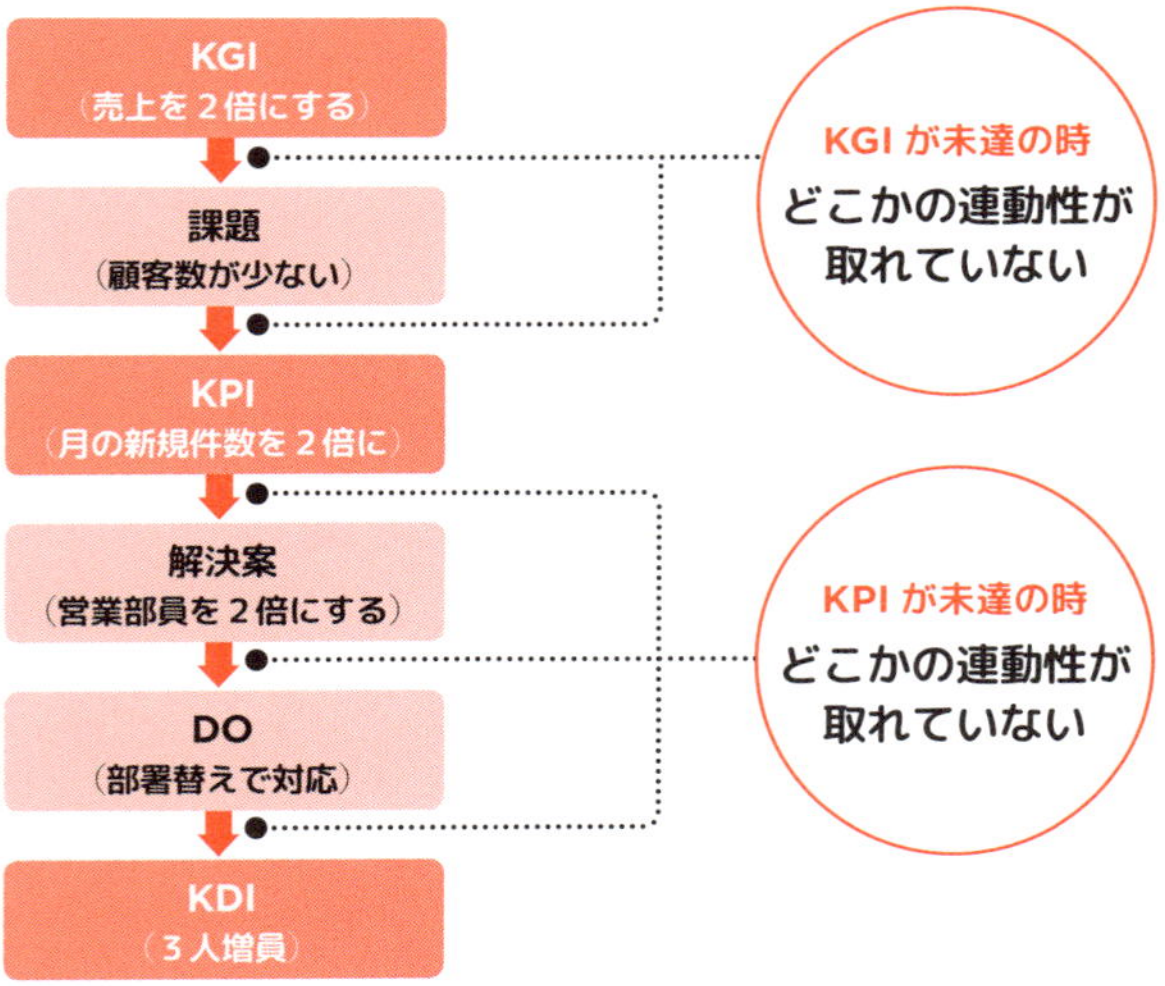

CHECK 4

STEP③ できた要因を突き止める

成果を出すには悪いところを直すことだけではなく、いいところを伸ばしたほうが、全体効果が大きいこともあります。つまり、**PDCAを回すときは「できた原因」も分析すべきなのです。**

できたことを振り返る行為は、創作料理をレシピ化する作業に似ています。レシピ化には計画と実行フェーズでの仮説が欠かせません。分量や手順を書いておくメモがそれです。適当にスパイスや隠し味を入れてカレーを作った結果、美味しいカレーに仕上がったとしても、メモがなければ再現できないのです。

「今回はこれでやってみよう」という仮説思考で動くからこそ、検証が活き、再現性が高まります。再現を繰り返せば、身体が勝手にレシピを覚えるので、余計な頭を使わなくてよくなります。料理をしながら、他の家事も回せるようになるのです。これが、いわゆる習慣化です。

できた要因を分析して成功を再現可能にする

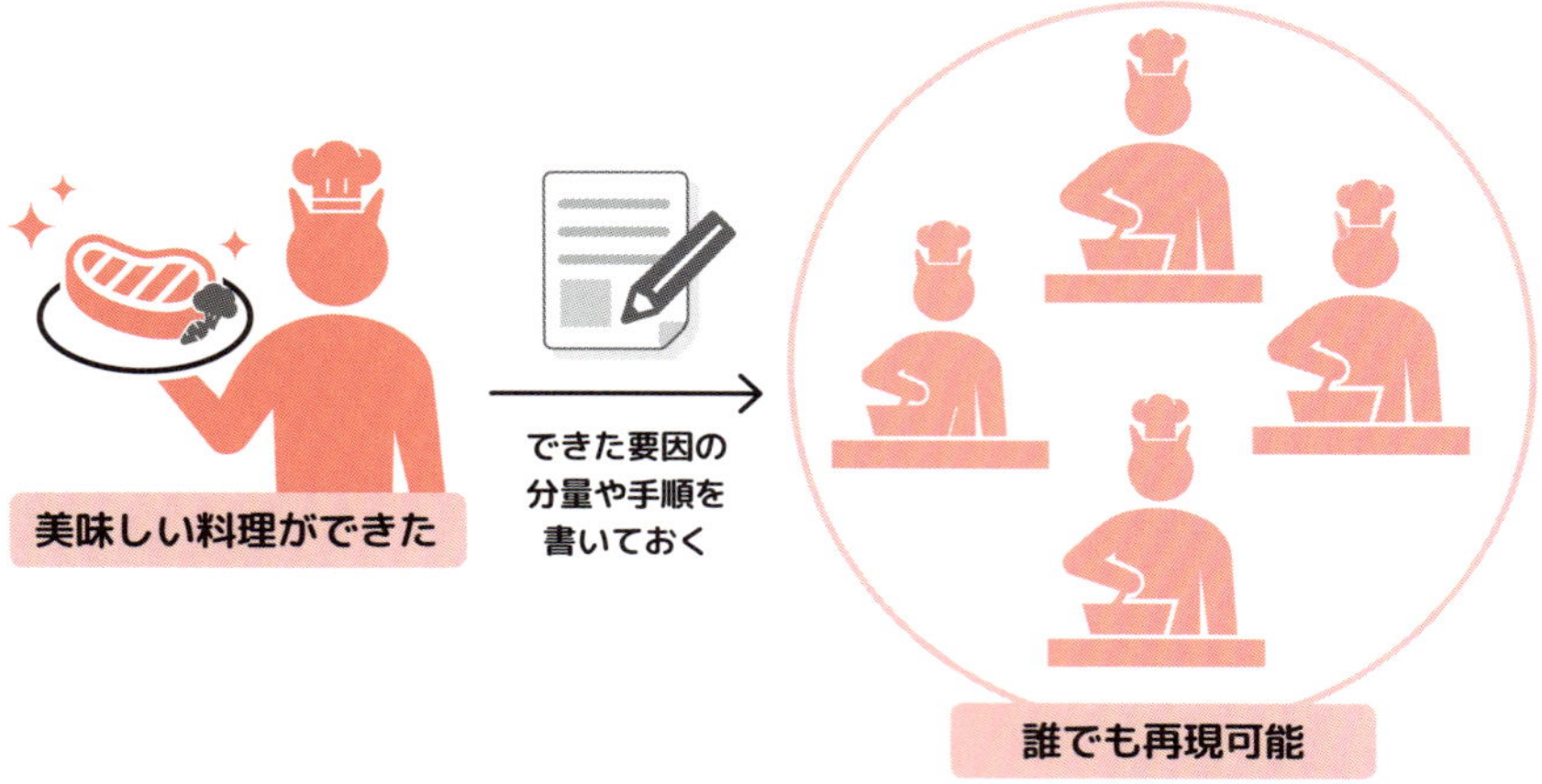
美味しい料理ができた
できた要因の
分量や手順を
書いておく
誰でも再現可能

CHECK 5

検証精度とスピードの関係

前述の通り、鬼速でPDCAを回すためのキモになるのはKDIの検証です。行動をすれば必ず課題にぶつかり、だからこそ、できるだけ早くその課題を検証して解決することで実行力が上がるのです。

ではKPIに関してはじっくり検証するのかと言われれば、そうではありません。KPIの検証に関しても、「検証可能な範囲でできるだけ早く」が基本です。例えば、新たにメールアプローチをするとして、業界の平均的な返信率が2％だとします。単純計算で50件に1件なので、最低50件は行わないと検証はスタートできません。ただ、あくまでも平均値にすぎないので、50件送っても返信が0の場合もあります。

この例のようにパーセンテージが低いKPIほど誤差が起きやすいため、例えば300件といったサンプルを取ることになります。こうしたとき、鬼速でPDCAを回すことに対して、次のように反論してくる人もいます。

「サンプルが少ないのに検証ばかりしていたら、逆に仮説の精度が下がるのでは？」

しかし、それは誤解です。大事なことは、母数の設定も含めた仮説設定からはじめて、PDCAを回すことで「必要最低限」を追求することです。

KPIといってもSEO対策のように結果が出るまでどうしても時間がかかるものもあります。こういった性質のものはさすがに数ヶ月単位で検証する必要がありますが、その間、実行フェーズの進捗はとくに念入りにチェックします。数ヶ月待った挙句、「KDIが未達だったので検証できませんでした」では話にならないからです。

それに、過去の経験をふまえて「1ヶ月すればこれくらいまで上がっているはずだ」という数値、言わば「想定ラップタイム」をあらかじめ計算しておいて、予想より動きが悪い場合は基本路線は変えずにテコ入れを検討することはよくあります。つまり、本格的な検証が3ヶ月先でも、それまでノータッチにしてはいけないのです。

検証の頻度は KDI ＞ KPI ＞ KGI

KDI は半週〜１週に１回のペースで検証して、
実行を阻害している課題を即座につぶせるように対処します。
また、「できなかった要因」だけではなく
「できた要因」も考えましょう。

STEP 1 達成率を確認する

● KGI の達成率を確認する ……… 1ヶ月〜1クオーターに1回

KGI	達成率
３ヶ月後には月 10 件、新規開拓をしよう	（１ヶ月後の時点） 達成率 60％

● KPI の達成率を確認する ……… 1週間〜1ヶ月に1回

KPI	達成率
プレゼンの勝率 20％増	達成率 25％
アポイント１日３件増	達成率 66％
受付突破率 10％増	**達成率 25％**

● KDI の達成率を確認する ……… 3日〜1週間に1回

	KDI	達成率
同僚に擬似プレゼンをしてフィードバックをもらう	（1回）擬似プレゼンをできたか	達成率 100％
	（1回）上司の許可を得て引き継ぎをしたか	達成率 50％
	３ヶ月に１回引き継げた率 100％	達成率 100％
笑顔を鍛える	（1回）参考になる動画が見つかったか	達成率 100％
	毎日、笑顔を意識する（ラップタイム 80％）	達成率 50％
営業術の本をたくさん読んでヒントを探す	（1回）買ったか	達成率 100％
	毎日 30 分読む（ラップタイム 100％）	達成率 30％

STEP 2 できなかった要因を突き止める

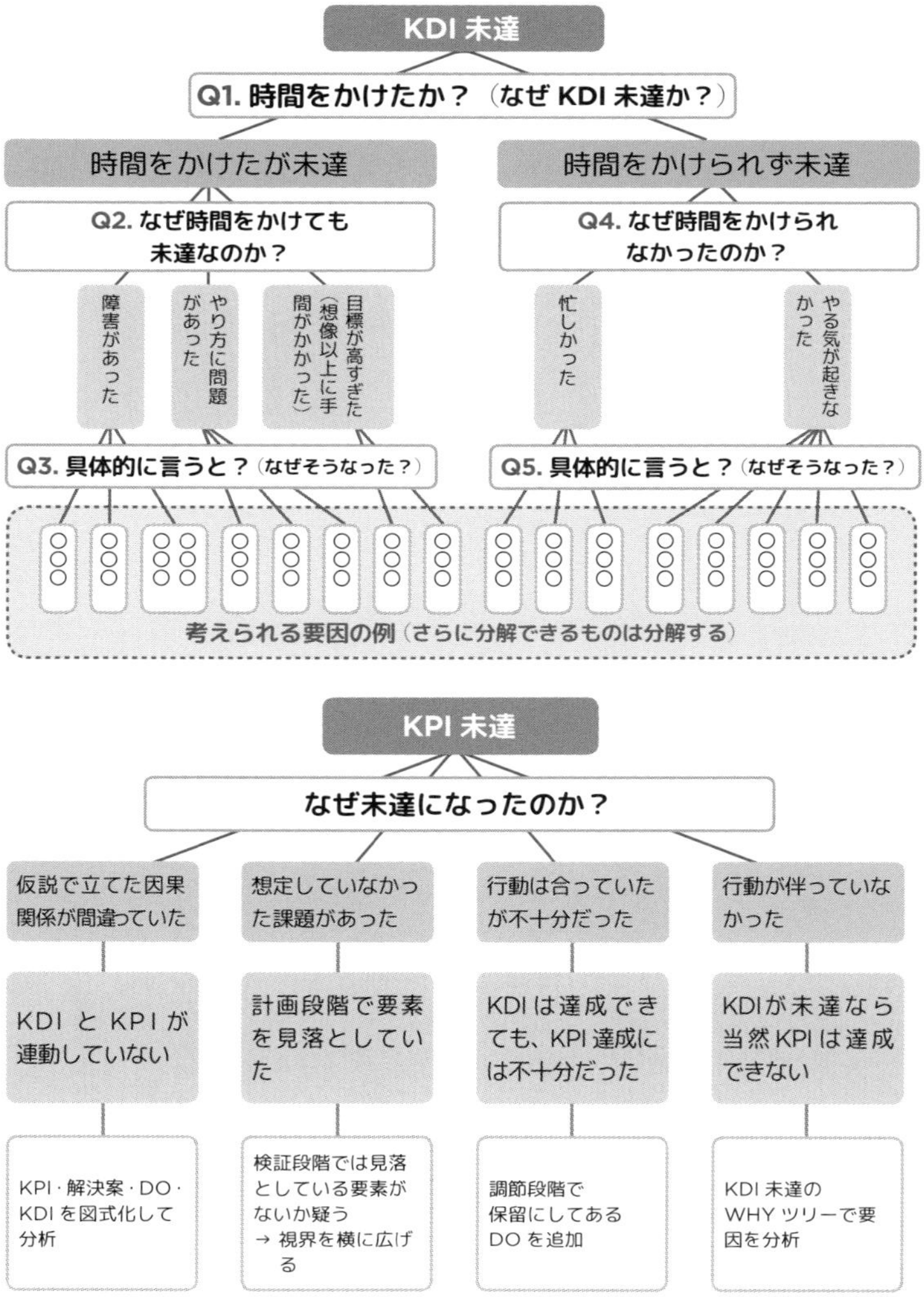

STEP 3 できた要因を突き止める

鬼速 PDCA 解剖図

—検証（CHECK）編—

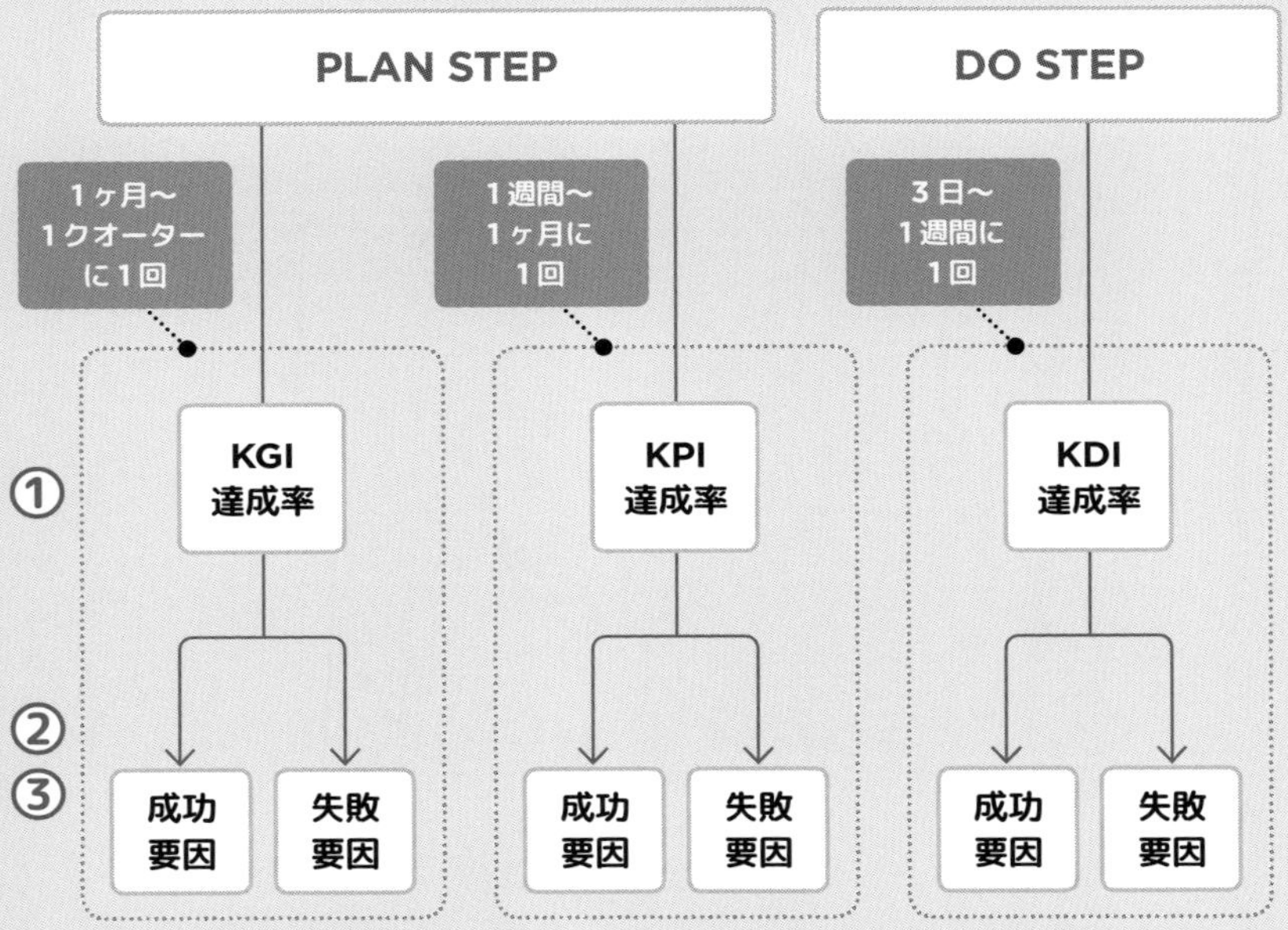

STEP ①

KGI、KPI、KDI の達成率をそれぞれ確認する

STEP ②

KGI、KPI、KDI それぞれの「失敗要因」を突き止める

STEP ③

KGI、KPI、KDI それぞれの「成功要因」を突き止める

5章

調整編

次のサイクルに進むための「改善」と「伸長」案とは？

調整フェーズでは改善案だけではなく伸長案も考えます。計画レベルの修正がない場合は、即座に実行フェーズにバトンを渡すことが鬼速化の鍵を握ります。

ADJUST 1

STEP①

PDCAのどこを調整すべきか

検証のフェーズから「調整」には3つのバトンが渡されます。

・指標（KDI・KPI・KGI）の達成率
・できなかった要因
・できた要因

ここからまず、**できなかった要因については「どうやったらできるようになるか？」、できた要因については「どうやったらさらに成果を出せるか？」**を考え、書き出します。ここで書き出したものが「調整案」になりますが、**PDCAのどのフェーズを調整すればいいのかを明らかにするため**、これを次の4つのケースに分けていきます。

調整フェーズの4つのケース

CASE1 ゴールレベルの調整が必要そうなもの
CASE2 計画の大幅な見直しが必要そうなもの
CASE3 解決案・行動レベルの調整
CASE4 調整の必要がなさそうなもの

PDCAの各フェーズのおさらい

P
ゴールを決め、課題を考え、KPIを設定し、解決案を考える。
アウトプット ＝ ゴール（**KGI**）、課題（**KPI**）、解決案

D
解決案を一段具体化したDOを考え、そのKDIを設定し、
さらに具体化したTODOに落とし込み、実行する。
アウトプット ＝ DO、**KDI**、TODO

C
KGI、KPI、KDIを検証し、できなかった要因とできた要因を絞り込む。
アウトプット ＝ 達成率、できなかった要因、できた要因

A
検証結果を踏まえ調整案を考え、次のサイクルにつなぐ。
（または中止する）
アウトプット ＝ 調整案

CASE1 ゴールレベルの調整

ゴールの調整をさらに分類すると「中止」「変更」「追加」の3つのパターンがあります。

「中止」とは、調整案を検討した結果「どうやっても無理」といまのPDCAを諦める場合です。「変更」では、新しいゴールに向けた新しいPDCAが回ることになるため、いままでのPDCAは中止されます。「追加」とは、いままでの業務とは別途、プロジェクトを作り新たなPDCAがスタートするようなケースです。

CASE2 計画の大幅な調整

ここでもゴールの調整と同じ3つのパターンがあります。計画の大半をやり直さないといけなくなると、PDCAサイクルは大幅に遅延する可能性があります。ただし、課題が解決されたことで調整をする場合は、課題の優先度の入れかえなどは起きますが、PDCAサイクルの速度にはあまり影響は及ぼさないはずです。

調整フェーズからのフィードバック

計画だけでなく、実行（DO、TODO）も調整する項目に含めることで

PDCAサイクルを速く回す

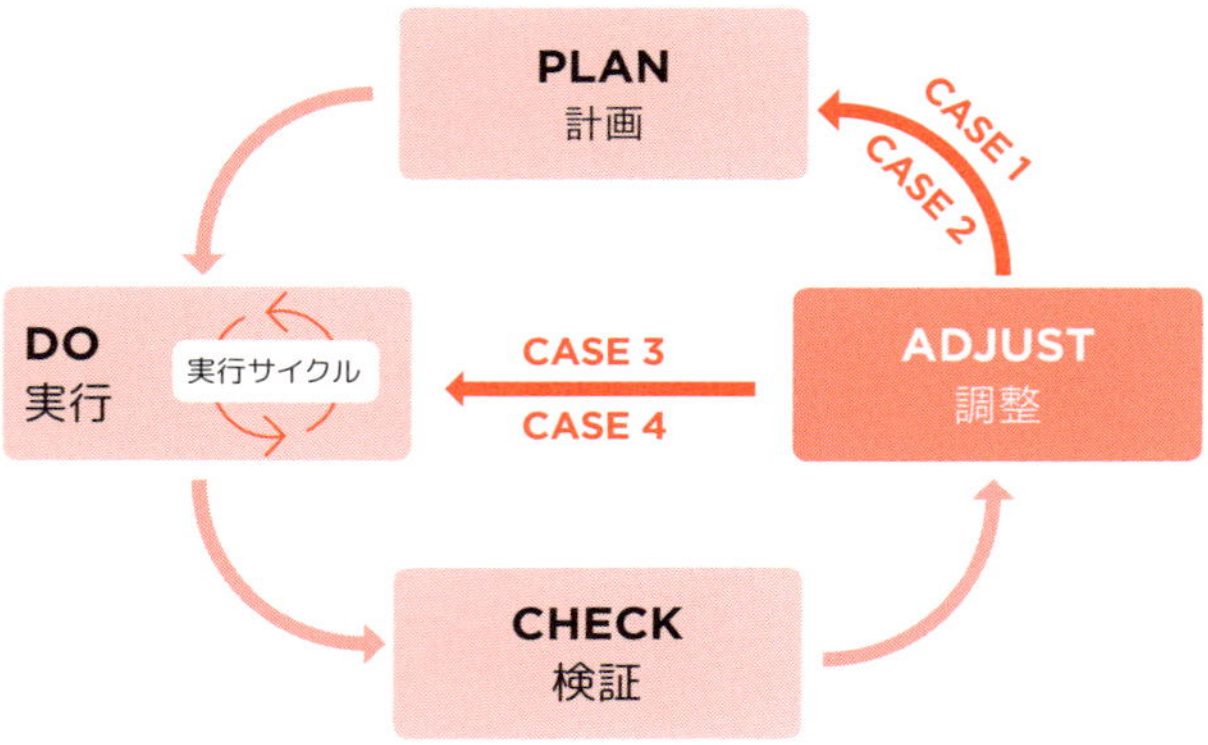

CASE3 解決案・行動レベルの調整

役目を終えた、または効果が薄かった解決案やDO、TODOを外し、他の解決案、DO、TODO（優先順を下げていたものを含む）を追加します。計画自体はほぼ変わらないため、**Pを飛ばして追加策のDから検討していけばいい**ので「P→D→C→A→D→C→A……」と非常にスピーディーに回るのが特徴です。

CASE4 調整不要

成果が出ていて、なおかつ改善の余地がないのであれば、そのまま次のサイクルでも同じKDIで動きます。計画を継続することも立派なPDCAです。計画はまったく同じなので、次のサイクルでは計画フェーズを省略し、そのまま実行フェーズに行けばいいのですが、他の調整案のほうが優先度が高いケースもあるので、STEP②で天秤にかけていきます。

調整案は4つのケースに分類できる

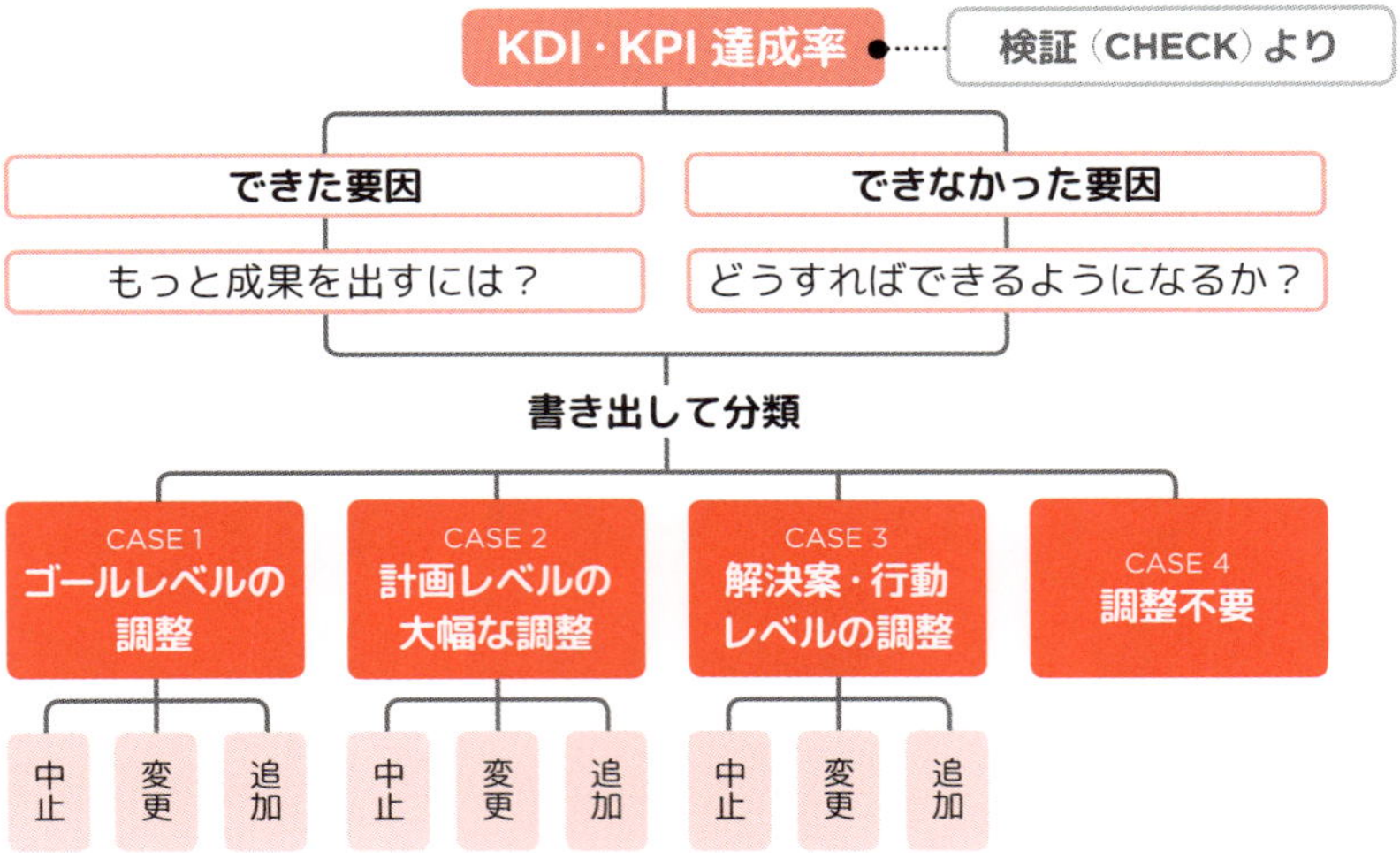

ADJUST 2

STEP② 調整案の優先順位を決める

STEP①で各フェーズでの調整案を列挙しましたが、すべてを実行することはおそらく不可能でしょう。そこで「**インパクト**」「**時間**」「**気軽さ**」の指標に沿ってそれぞれの調整案を見直し、優先度をつけていきます。

計画の見直しが迫られるケース2は、インパクトは強いものの時間がかかり、解決案レベルで済むケース3は、時間はあまりかからないことが多いでしょう。

「さすがにまだ改善の余地はあるから、ゴールを下げるのはまだ早いだろう」「交渉術を学んだらちょっとはマシになりそうだけど時間かかるよな」「最新のリストが入手できるなら即効性あるよな」「効果が下がっている電話アプローチの優先度はさすがに下げないといけないな」

ここでの優先度を踏まえてやらないことを決め、残った調整案を次のサイクルにつなげていきます。

調整案の優先順位づけ

具体例

電話アプローチしかしてこなかった営業マン。徐々にアポ率が低下してきてしまった

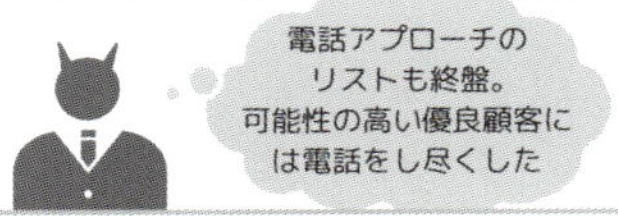

可能性の高い優良顧客には電話をし尽くした

	インパクト	時間	気軽さ	優先度	
諦める	C	—	C	C	CASE 1（中止）
メールアプローチを追加する	A	1ヶ月	C	B	CASE 2（追加）
交渉術を磨く	B	3ヶ月	C	C	CASE 2（変更）
電話アプローチの最新のリストを探す	A	3日	A	A	CASE 3（変更）
電話アプローチを継続する	C	—	A	B	CASE 4

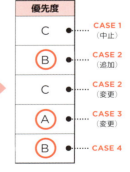

ADJUST 3

STEP③ 次のサイクルにつなげる

いよいよ最後のステップです。PDCAは回し続けることに意義があります。調整フェーズは改善案や伸長案といった具体的なアイデアを決めるだけではなく、PDCAサイクルの命ともいえる**「次のサイクルへの橋渡し役」**を担っています。

ここでPDCAだからといって、**必ずしも毎回、手間のかかるPを行う必要はない**ということを、あらためて強調しておきます。

計画レベルでの追加・変更

現在進行形のプロジェクトの定例会議で、課題レベルでの変更・追加を必要とする調整案が出てきたら、すぐに次のアクションに移します。

①新たな課題に関する情報収集
②関係者へのアナウンス
③KPIの設定、想定リスクの整理など

要するに「できるだけ早く次のPへつなぐ」ということになります。

解決案・行動レベルの追加・変更

こちらは「できるだけ早く次のDへつなぐ」ということになります。そのためには

①担当者を決める
②期日を決める
③できるだけ具体的なタスクに落とし込む

といったことをするのが肝心です。

調整不要

PDCAをそのまま継続させる場合も同じです。もしその会議に出席していない人がいるなら「うまくいっているから、今週もアクセル全開で！」

といち早く伝え、実行サイクルを回し続けることが大事になります。

絞り込んだ調整案から次のPDCAサイクルにつなげる

CASE1

ゴールレベルの調整 ▶ 新しいPDCAへ

CASE2

出来るだけ早く次のPLANにつなぐ

計画レベルの大幅な調整（PLAN） ▶

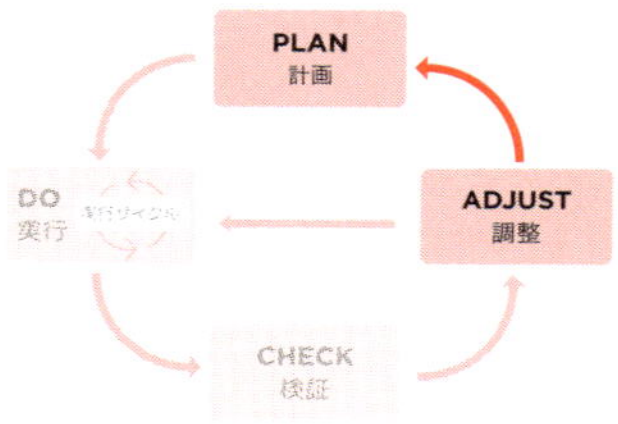

次につなぐためのアクション
① 新たな課題に関する情報収集
② 関係者へのアナウンス
③ KPIの設定、想定リスクの整理など

CASE3

出来るだけ早く次のDOにつなぐ

解決案や行動レベルの調整（DO） ▶

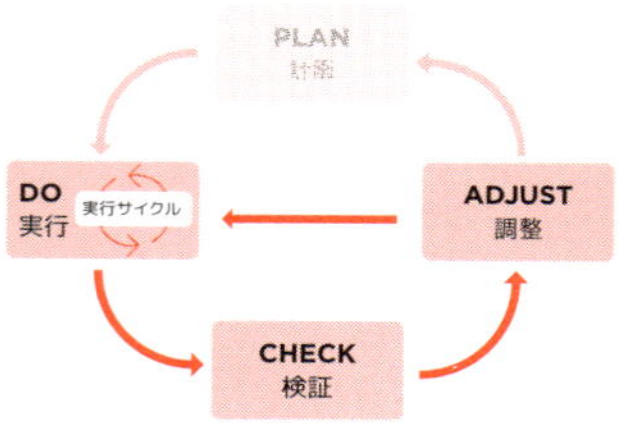

次につなぐためのアクション
① 担当者を決める
② 期日を決める
③ 具体的なタスクに落とす

CASE4

実行サイクルを回し続ける

調整不要 ▶

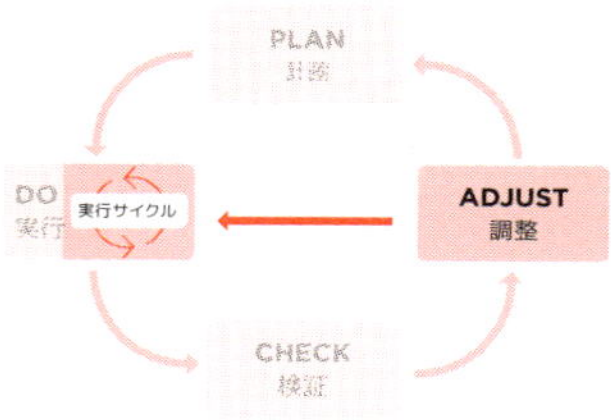

次につなぐためのアクション
関係者へのアナウンス

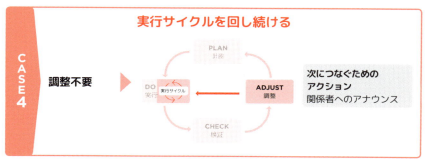

図でよくわかる!

鬼速PDCA調整編

失敗要因だけではなく「なぜうまくできたか」も考えて、次のPDCAサイクルでの成功の再現性を高めます。次のPDCAサイクルに進むとき、必ずしもPLANからやり直す必要はなく、検証の結果をDO、実行サイクルにつなげ、PDCAを回し続けることが「鬼速」のポイントになります。

第4章「検証（CHECK）」で洗い出した「できた要因」と「できなかった要因」

STEP 1 検証結果を踏まえた調整案を考える

KDI・KPI達成率

- **できた要因** → もっと成果を出すには？
- **できなかった要因** → どうすればできるようになるか？

書き出して分類

- CASE 1 ゴールレベルの調整
- CASE 2 計画レベルの大幅な調整
- CASE 3 解決案・行動レベルの調整
- CASE 4 調整不要

STEP 2 検証結果を踏まえた調整案を考える

		インパクト	時間	気軽さ	優先度
CASE 1（中止）	諦める	C	―	C	C
CASE 2（追加）	メールアプローチを追加する	A	1ヶ月	C	B
CASE 2（変更）	交渉術を磨く	B	3ヶ月	C	C
CASE 3（変更）	電話アプローチの最新のリストを探す	A	3日	A	A
CASE 4	電話アプローチを継続する	C	―	A	B

STEP 3 次のサイクルにつなげる

CASE 1

ゴールレベルの調整 ▶ 新しいPDCAへ

CASE 2

出来るだけ早く次のPLANにつなぐ

計画レベルの大幅な調整
PLAN
▶

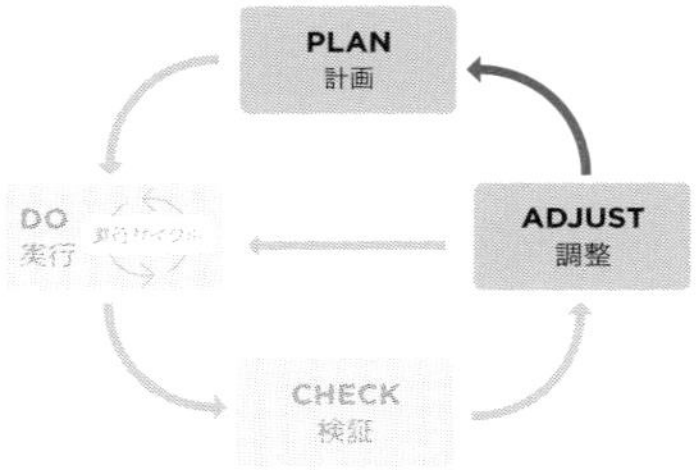

CASE 3

出来るだけ早く次のDOにつなぐ

解決案や行動レベルの調整
DO
▶

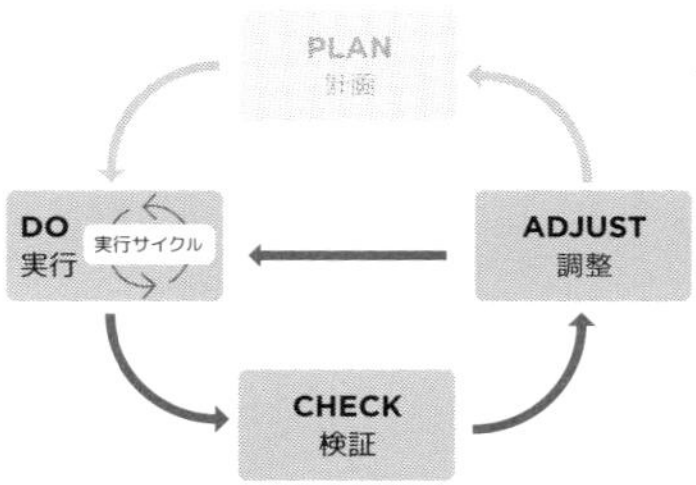

CASE 4

実行サイクルを回し続ける

調整不要 ▶

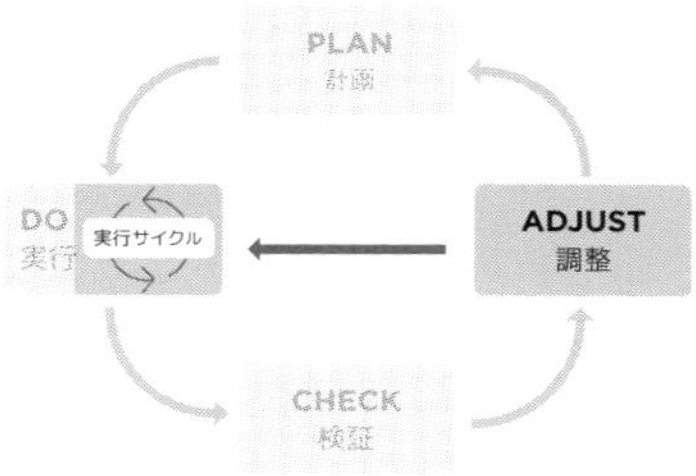

鬼速 PDCA 解剖図

ー調整（ADJUST）編ー

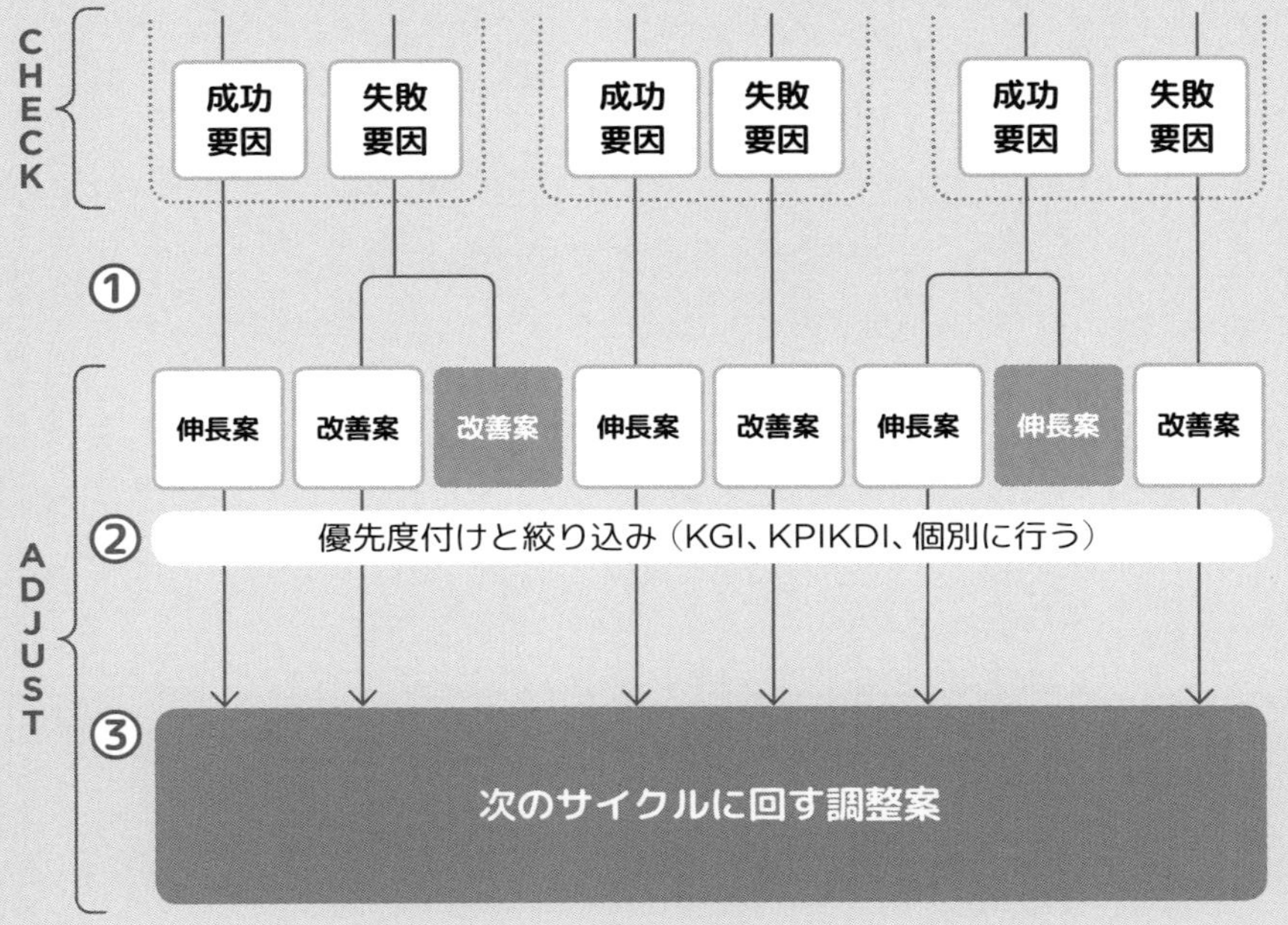

STEP ①

検証の結果出てきた「成功要因」「失敗要因」を踏まえた調整案を考える

STEP ②

調整案に優先順位をつけ、やることを絞る

STEP ③

次のサイクルにつなげる

6章

チームで実践する鬼速PDCA

回せば回すほど、圧倒的なスピードで成果に近づく鬼速 PDCA。チーム全員で実践すれば、あなたの組織は最強になる！ 実践のコツと効果を図解します。

速度UP 1

鬼速で課題解決するための「半週ミーティング」

ここからは、鬼速PDCAを職場やチームで実践するために取り入れてみてほしいものを、いくつか紹介していきます。まずは、冒頭でも紹介した当社の鬼速ぶりを象徴する「半週ミーティング」です。これは3日に1回開かれる課題解決のための定例会議で、基本的にはKDIの検証を行い、改善案、伸長案をその場で決めます。

一般の会社の定例ミーティングは週に1回、1時間のケースが多いと思いますが、当社ではそれを週に2回、各30分に分けています。延べ時間は同じでも、サイクルが2倍速くなるのです。30分でどこまで議論が深まるのかと思われる方もいるでしょうが、むしろ30分だからこそ密度の濃い議論になります。業務を進めていればさまざまな壁にぶつかりますが、その度に壁の前で1週間も待つ暇などありません。いち早く解決案を考え、実行に移し、その効果を検証していくためには「半週のサイクル」が必要なのです。

半週ミーティング

一般的な定例ミーティング	当社の半週ミーティング
週に1回 × 1時間	**週に2回 × 30分**

かける時間は同じでも成長速度アップ！

半週ミーティングでは KDIを追うのが基本

ミーティング内容

- 目標達成率
- その数値になった要因の分析結果
- 改善案、伸長案を決める

▶ 参加者の知見を集めて**次のサイクルのTODO**まで一気に決めてしまう

速度UP 2

前進度合いを可視化する「鬼速進捗管理シート」

「半週ミーティング」とセットで実践しているのが「鬼速進捗管理シート」です。このシートにはKPIとそのための施策（DO）が列挙されており、ひとつの施策には半週のKDIと、その進捗率、担当者の名前と半週ミーティングで出た改善策や抱えている課題などが並びます。

こうして各自の行動計画を全社員で共有するということは、非常にシンプルですが、実は多くのメリットを持っています。

・やるべきことが明確になるので行動に迷いが出にくくなる
・予定を周知することで責任感がわく
・行動計画が共有されていれば、半週ミーティングでわざわざ説明する必要がなくなる（進捗通りなら「進捗通りです」の一言で済む）
・部下の行動計画を過去にさかのぼって観測できるので、優先順位づけや段取りが苦手な社員のフォローがしやすくなる

鬼速進捗管理シート

KPI	月次優先順位	施策（DO）	半週KDI	半週達成率	担当者名	進捗・課題・打ち手
	1					
	2					

施策（DO）がKPIの優先度順に並んでいる

担当者がこのシートを見れば、自分たちの仕事がプロジェクト全体のなかでどれだけ重要なのかが一目瞭然になる

速度UP 3

鬼速PDCAコーチングが目指すこと

私の目下の課題は、幹部社員に鬼速PDCAのコーチング技術を磨いてもらうことです。PDCA力は徐々に成長していくものなので、社員全員に鬼速PDCAを浸透させるには指導者を増やすことが何よりも重要だからです。

鬼速PDCAコーチングが目指すのは第三者が課題を抱えているときに、**視点を横へ広げたり、縦に深掘ったりする**「**因数分解の補助**」となることです。ときには助言もしますが、**基本的には質問形式**で「何が課題だと思う？」「何に引っかかっている？」「じゃあ、どれやろう？」「優先順位はどうしようか？」と問いかけ、**答えは自分で考えてもらう**ようにします。

人から言われたことより、自分で気づいたことや決めたことのほうが圧倒的にモチベーションが高くなります。それに、意外と周囲のほうが部下の置かれている状況を冷静に見ているケースもあるため、状況の整理を手伝う人がひとりいるだけでブレイクスルーが起きたりするものです。

質問をする側の注意

質問をする側には、以下の点に注意してもらっています。

- 質問攻めにしない
- 堂々巡りの質問をしない
- 論理的でない回答だからといって否定しない
- 沈黙を埋めない。沈黙は熟考の証である
- イエス、ノーで答える質問はなるべくしない
- 中立的な質問をする。
  ×「それって本当に役立ちますか？」
  ○「それはどんな効果がありますか？」
- 話がそれても遮らず、その事実だけを伝える
  ○「話がそれていると思いますよ」

具体的な質問例を左ページに載せました。皆さん自身の因数分解にも役立てていただければと思います。

因数分解の補助に役立つ質問

横に広げる質問

- 他にどのような手段（課題）が考えられますか（考えられましたか）？
- 他に選択肢（課題）が3つあるとしたら、なんだと思いますか？
- さらに3つあるとしたら、なんだと思いますか？
- 思いきり大胆になったら、どのような選択肢が考えられますか？
- あなたが社長だったら、どのように考えますか（行動しますか）？
- あなたがまだ深く検討していない課題が1つあるとしたら、どれですか？

縦に深掘る質問

- ○○について具体的に話してくれますか？
- ○○を3つに分解するとどうなりますか？
- それをさらに分解することはできますか？
- なぜ○○になったと思いますか？
- ○○という結果が意味するものはなんでしょうか？

挑戦を後押しするコーチング

社員にはとにかく自分で考える癖をつけてほしいので、答えを聞かれても管理職レベルには「逆にどう思う？」と切り返すようにしてもらっています。そこで部下が「わかりません」と言ってきても、助けてあげたい気持ちをぐっとこらえて「現時点で持っている情報から考えられる仮説でいいよ」と切り返します。

実際には、「わかりません」というのは、単に自信がないとか、見当違いで馬鹿にされるのではないかといった体裁を気にしているだけの場合があります。これらは、エリートコースを歩んできた若手社員に非常に多いことです。しかし、当社で尊敬されるのは、どんどん新しい仮説を立てて臆せず行動に移して、膝小僧が傷だらけになった社員です。そのような社員を一人でも増やすためには、挑戦を恐れて立ちすくむ社員がいたら、「やってみようよ。失敗しても修正すればいいじゃん」と背中を押す同僚や上司たちが必要なのです。

PDCAを回すモチベーションを上げる

PDCAを回すために物事を分解し、整理しながら考えることは、慣れない人からすればかなりハードルが高いことです。はじめて乗る自転車のようなもので、とにかく不安が先行します。そこでのコーチングは補助輪のようなもので「PDCAってこういうものなんだ」と体感させることが何より大事です。

よって、まず1回は半強制的でもいいので PDCAを「回させる」補助をしてあげます。ゴールをちゃんと明確にして、それに対してのプランを本人がつくるようにしてあげる。そうしてつくったプランを実行して、結果が出てきて、それを改善、調整していくというサイクルを3周ぐらい回してくると、気持ちも乗ってくるものです。

どんどん前進する感覚を味わい、良くなっているという感覚を持たせて、モチベーションが上がるという順番が、合理的かつ理想的だと思っています。

速度UP 4

日々の「なるほど」で成長を実感する

当社では、社員全員にその週に感じた「なるほど」を書いてもらい、共有しています。書き込む内容については、半週ミーティングの結果導き出された改善案や伸長案でもいいし、日々の業務で反省したことや驚いたこと、本やネット記事で新しく学んだことや気づいたことなどなんでもいいです。組織の話でも個人の話でも構いません。

シートには他人からのコメントも入れられるようにしています。やはり自分の感じた気づきに対して「参考になりました！」と書かれたら誰でも嬉しいもので、他人の気づきにも興味が湧いてくるようになってきます。

仮に本人にいま明確にPDCAを回している感覚がなくても、そうした日々の気づきは結果的にPDCAにつながること、そしてPDCAはどんな対象であっても回せること、さらに、日々の気づきを書き残すだけでも人は成長していくことを実感してほしいと願っています。

なるほどシートの使用例

※思考を深める、思考を整理する問いの精度を上げるためにも、意識して書き続けましょう!!
※メンバーのなるほどに質疑があれば、コメントに記入しましょう！（記入は必須ではありません。）

部門	担当	内容	カテゴリ	コメント
○○	○田○美	関係は時間よりも密度や頻度に比例するので、1～2分の会話でも大切にする	マネジメント	
△△	△川△郎	○○の分野はBtoCが多いが、世の中のお金は個人向けよりも企業向けの方が動いているので、BtoBはブルーオーシャンになるかもしれない！	事業モデル	参考になりました！（□山□子）

速度UP 5

リミッターを外すと見えてくるもの

人の思考は記憶に引っ張られる

「自分にかけている制限は、ただの記憶だ」

ジェームズ・スキナー氏の言葉です。

人は思考処理をするとき、材料として「知識」を使います。本などを読んで新たに知識を身につけることもしますが、大半の知識は自分の脳にストックされた「記憶」という名のデータベースです。

ただそのデータベースの範囲内で物事を考えているとブレイクスルーや劇的な変化は起きません。

高さ50㎝の蓋がつけられた箱に数日間入れられたノミが、蓋を外したあと50㎝以上飛べなくなるという有名な実験があるように、人の思い込みは往々にして可能性を潰します。よってPDCAを回す時も、時に非常識と思える計画を立てることが重要なのです。

記憶に引っ張られる思考のリミッターを外す

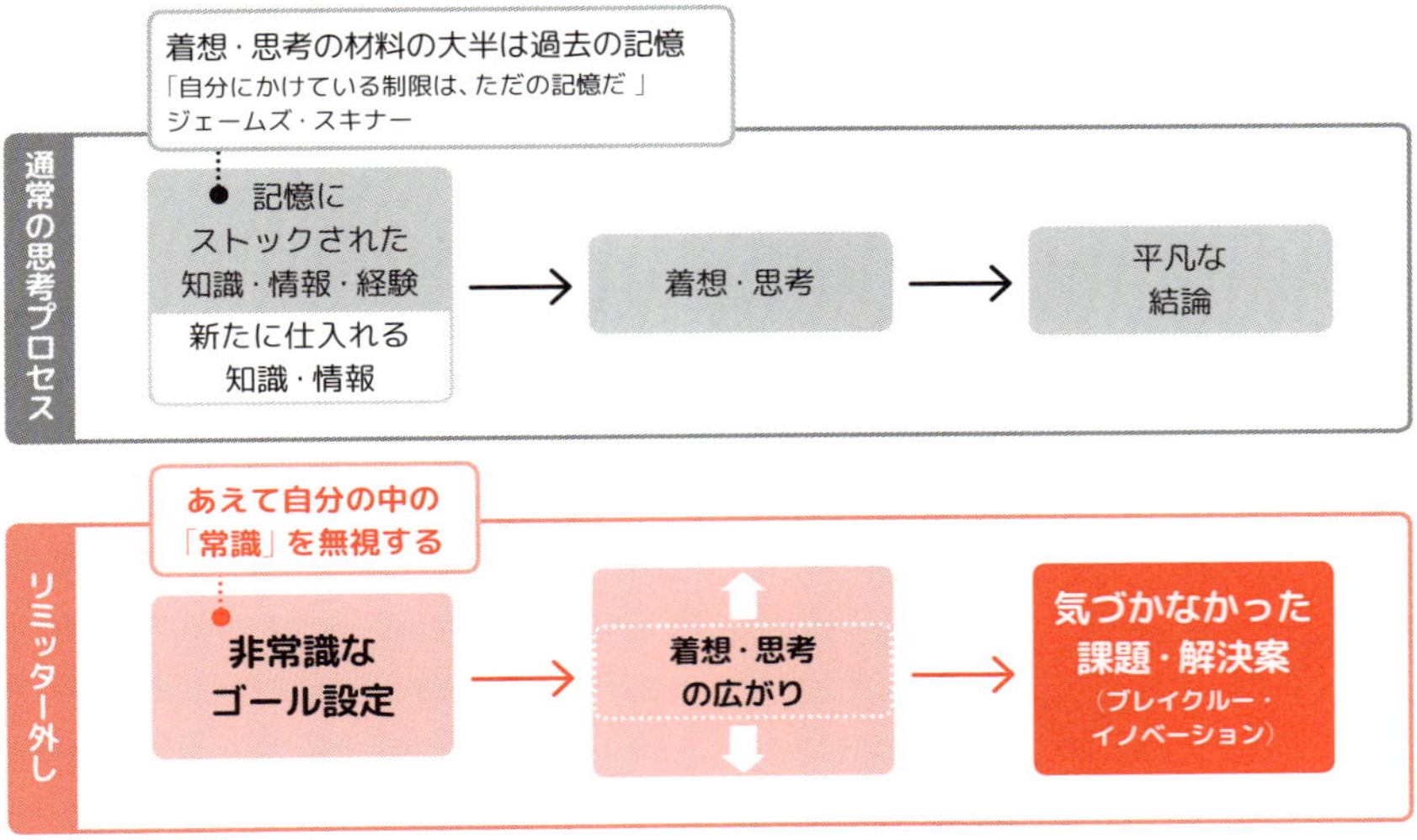

非常識なゴールがもたらすメリット

非常識なゴールを立てると今まで考えもしなかったレベルの課題が見えてきます。

そこで諦めずに、「どうやったらそれを実現できるか？」と考え続けると、「これでいけるかもしれない」と思えるような突破口が見えるかもしれません。

爆発的な成長やイノベーションはこのような時に生まれます。

と、文章で読んでも実感できないでしょうから、試しにいま頭の中にある目標を「5倍」にして見てください。次にその課題を書き出して、それぞれの課題の解決案を考えてみてください。簡単なワークですが、たったこれだけでいつもと違ったレベルの「超重要な課題と解決案」が見えてきます。

私の経験上、とてつもないゴールを設定するとその手前くらいまでなら余裕でいける、ということも付け加えておきましょう。

リミッター外しのためのワーク

① いまの目標（ゴール）を書き出す　P. 26 参照

② その目標を5倍にしてみる

③ 現状とのギャップを書き出す　P. 28 参照

④ ギャップから導かれる課題を書き出す　P. 29～ 参照

⑤ 解決案を考える　P. 36～ 参照

速度UP 6

PDCAを回してインプットを増やす

仮説の精度を上げるためには、ある程度知識を増やさないといけません。ただ、インプットに時間をかけすぎると仕事のスピードが落ちるというジレンマを抱えています。

そこで私はインプットの方法についても絶えずPDCAを回しています。

私がいま多用しているのが「耳」。Kindleの読み上げ機能は有名ですが、実はワードでも文章を音声データ（MP３）に変換してくれる機能があるのです。例えば評価の高い本の要約がされた記事を探してワードに貼り付け、音声にしたものをiTunesに入れ、移動中に1・5倍速くらいで聞く、ということを日々しています。

音声ですから「ながら作業」に最適。時間に追われる人にとって「耳」はまだまだ活用の余地がある資源だと思っています。

文字情報から音声情報へのデータ変換の流れ

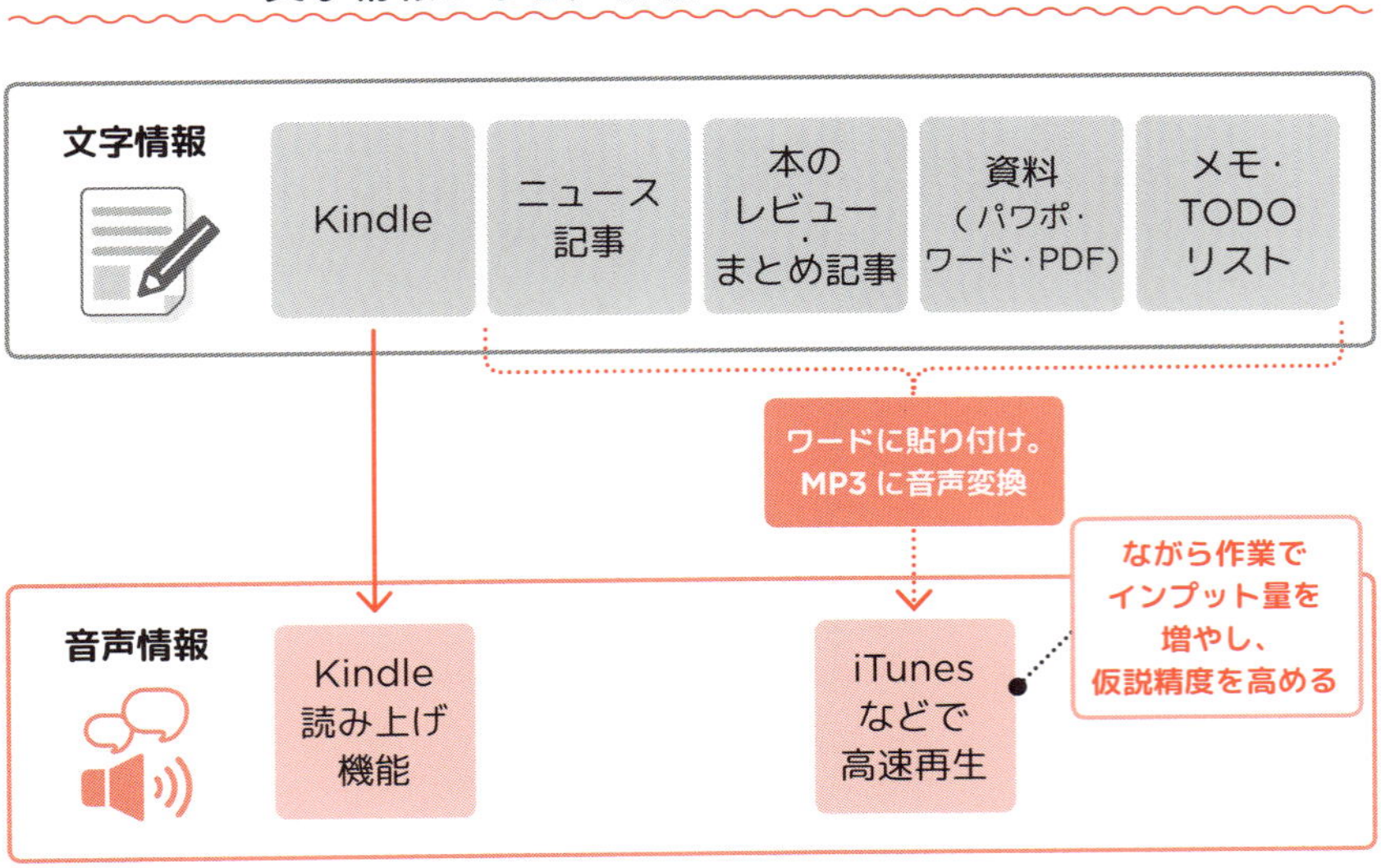

7章

鬼速を習慣化するための最強の仕組み

PDCAは継続するのが難しいとよく言われますが、当然ながら継続できないと効果は望めません。本書のまとめとして、私が実体験から学んだ鬼速PDCAを継続し、習慣化するための仕組みを紹介します。

継続 1

鬼速PDCAは継続してこそ効果がある

「フレームワークはよく分かった。でも習慣として続けるのは難しそうだ」。これは「鬼速PDCA」の読者から多く寄せられた意見です。

まず言えることは、自分がPDCAサイクルのどの因子でつまずいているのか、気分が乗らないのか、冷静に見極めることです。

それは実行サイクルそのものかもしれませんし、振り返りがおざなりになることかもしれません。もしくは仮説を立てることが苦手なのかもしれないし、仮説を立てるためのインプットの時間が確保できないのかもしれません。

いずれにせよPDCAサイクルのどこかが破綻すると劇的な成果は望めず、その結果、やる気がどんどんなくなっていきます。

「PDCAサイクルの全てが苦手」という人は絶対にいないので、まずは自分なりの課題を特定することがPDCAをPDCAしていく第一歩です。

では逆に人が何かを継続し、習慣化できる時はどんな状況かを考えると次の4つに集約できるのではないでしょうか？

- 目的意識が強いとき
- 成果が出ているとき
- ハードルが低いとき
- やり方で迷わないとき

こうした状況になるように自分なりに「仕組み」を考え、やれることを全部やること。それが「継続力」という一見抽象的な言葉の正体だと思います。

人間の意志など簡単にぐらつくものです。でも人間にはそうした意志をカバーできるだけの知恵をもっています。

よってPDCAを継続するために不可欠なことは弱い自分と向き合うことであり、弱い自分に落胆することではないのです。

PDCAを続けられる状況を自らつくりだす

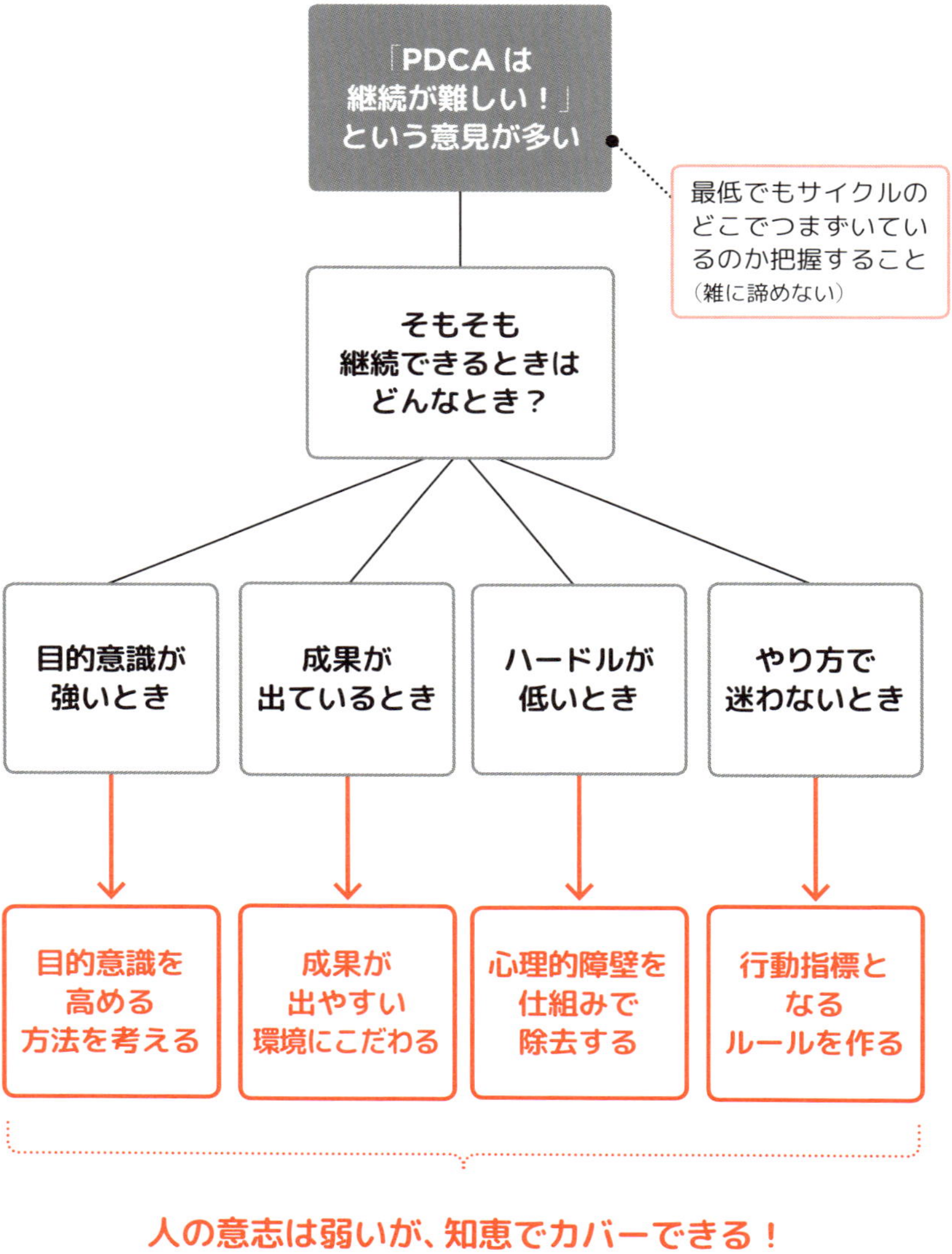

継続
2

目的意識を強める①

強制的に緊急領域に移動させる

病気や借金、リストラ宣告など、人は切羽詰まった状況に置かれると人が変わったように本気で改善を続けることができます。

しかし外部からの圧力がない、夢や願望といった自発的なゴールだと、自分の意志の強さに左右されやすくなります。

なぜこのような差が生まれるかというと、外部圧力は重要・緊急領域の課題であり、自発的な目標などは重要・非緊急領域の課題だからです。

よってここで重要なことは、自発的な課題に対する意識をどう高められるか。その第一歩は目標を明確にすることです。期日を決め、KGIをしっかり立てる。そうすることによってゴールがよりはっきりとイメージできます。

周囲に目標を宣言して逃げ場をなくす

その上で**課題意識を無理やり高める一つの簡単な方法は、周囲に宣言すること。**

目標を立てたら同僚や家族、もしくはSNSで宣言してしまうのです。このビッグマウス作戦は未だによく使います。「達成できなかったら恥ずかしい」という状況に自らをおくことによって「**非緊急領域」にあった目標を「緊急領域」に持っていってしまうのです。**

「もったいない」という心理を使う

似た方法としては先にお金をかけて「達成しないともったいない」という状況に追い込む方法もあります。例えば英語を学びたいなら試験料の高いTOEFLを先に申し込む。もしくは個人レッスンを1年分前払いしてしまうのでもいいでしょう。「恥ずかしい」「もったいない」と言った損失回避の心理は人の意識に強く作用するものなので、うまく使えばモチベーション維持に役立ちます。

継続 3

目的意識を強める②

WHYの部分もPDCAを回す

動機を高める上でもう一つ重要なことは、「なぜそれをするのか？」という本質に立ち返り、目の前のPDCAを回す「意味合い」を定期的に明確にすることです。

人間の意志やモチベーションには重力が働きます。勝手に下がるのは自然の摂理です。だからこそ適時「WHY」の部分のPDCAも回して、自分の意識レベルを上に上にと引き上げないといけないのです。

特に上位のWHYが自分の「喜怒哀楽」のいずれかの感情にひもづけられると強いPDCAが回せます。それは何も「自分の幸せ」といった前向きなものである必要はなく、「怒り」や「コンプレックス」といった負の感情も強い原動力になります。

大事なことは日々の目の前の課題と、そうした感情とをひもづけられるかどうかです。

WHYの問いかけで上位のPDCAを意識する

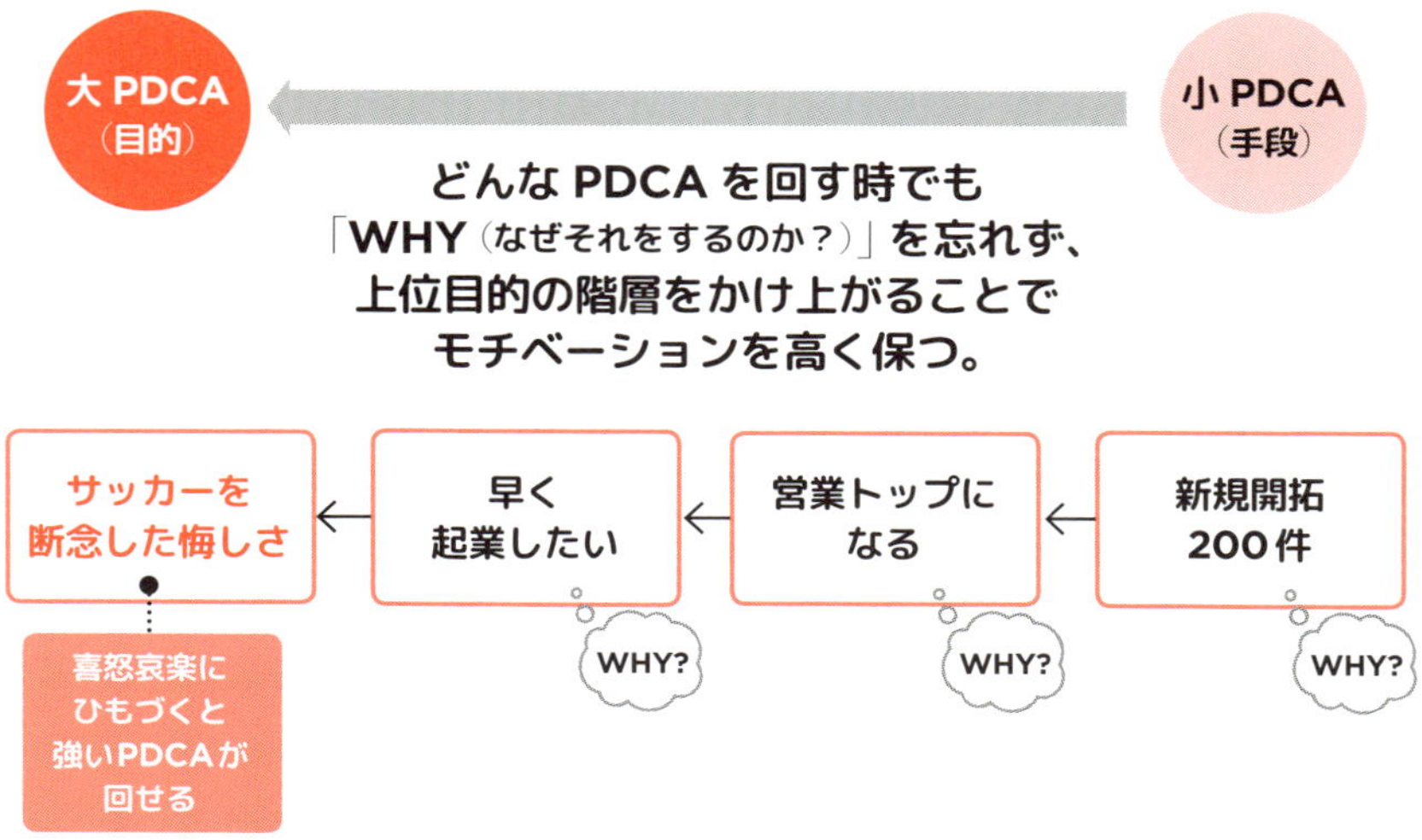

継続 4

目的意識を強める③

しつこいくらいの意識づけ

人の意志やモチベーションは時間とともに下がると書きましたが、それを少しでも食い止めるもうひとつの方法がアラート。つまり外的な刺激を意図的に入れることです

代表的なアラートは受験生や企業がよくやる張り紙です。「なんで自分はこんなに辛い思いをしているのだろう？」と気分が滅入りそうになった時に、ふとその張り紙が視界に入ると「そうだ。自分の目標はこれなんだ」と、上位の目的を思い出させてくれるのです。

セルフトークで自分は変えられる

意図的な刺激で意識を高めるという意味ではセルフトークも非常に効果的です。「何か達成したい目的があったらセルフトークをすべし」ということをある本で読んで以来、私は愚直に続けています。

例えば証券営業時代は毎朝「○○を絶対に達成する」と、鏡の前で声に出して自分に言い聞かせていましたし、パソコンのパスワードを自分が達成したいゴール（例えば数値目標）の文字列に設定したりしていました。ゴールが一日3回通知されるような仕組みは今でも続けています。

また私が海外留学を目指して勉強していた頃はパソコンの壁紙を志望大学の画像にしたり、キャンパスを訪問して、自分が学んでいる姿を強く思い描いたりもしました。

セルフトークと聞くと「なんか怪しい」と感じる人もいるかもしれませんが、所詮人間の脳は単純なもので、意識の向け先次第で考え方も行動も変わるものです。

だとすればセルフトークやアラートなどによって強制的に自分の意識をゴールに向けることで、ふわふわしていた夢であっても徐々に現実のものとして意識が強まり、モチベーションも高まると思っています。

セルフトークで目標に向かう意識を引き上げる

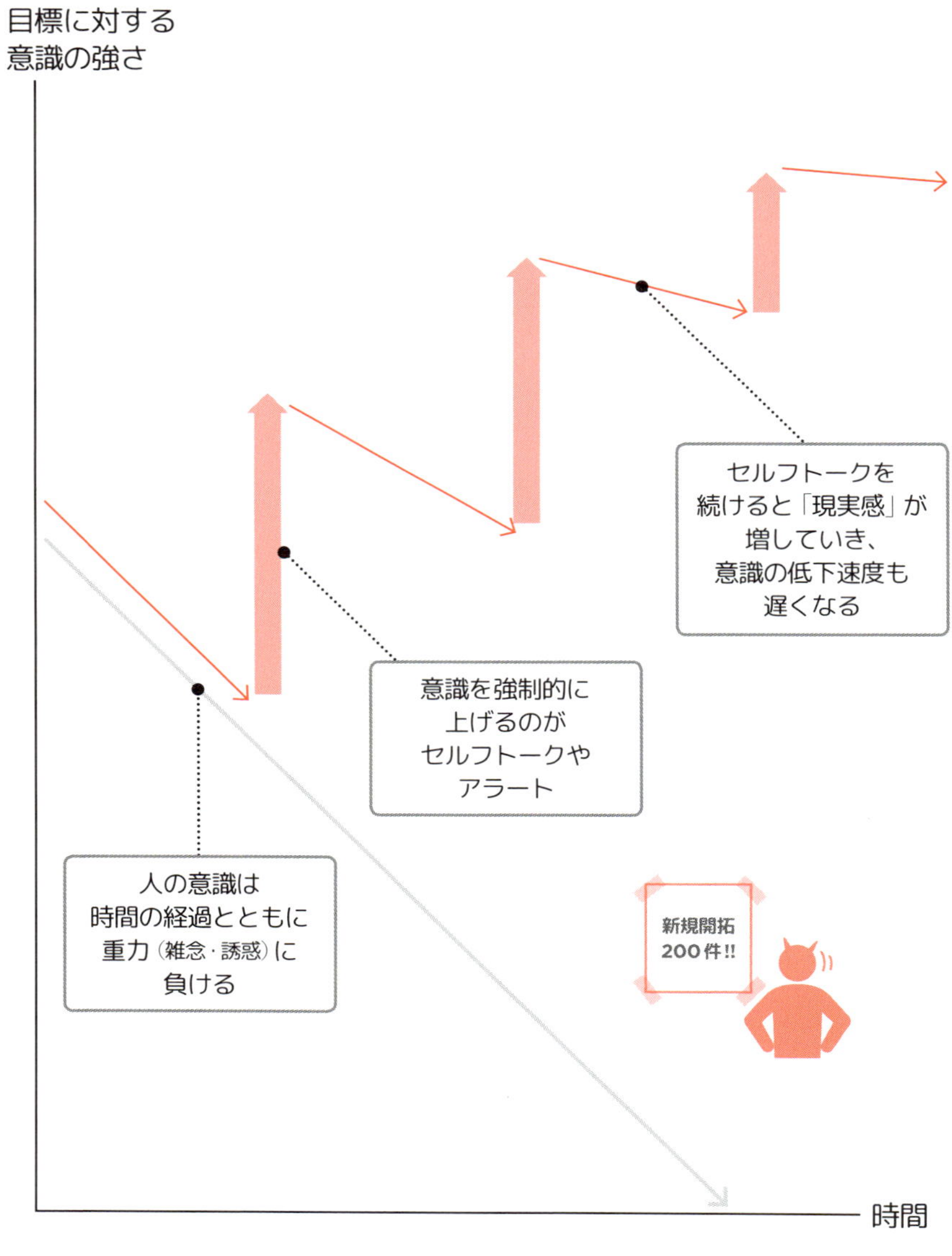

継続 5

習慣化に最適な「ルーチンチェックシート」

「笑顔で話す」と言った指標化しづらいDOや、TODOリストで扱いづらいDO、もしくは非緊急領域のDOは、どうしても三日坊主になりがちです。

それを習慣化するために最強な道具が図の「鬼速PDCAチェックシート」。オリジナルは原田隆史氏が『カリスマ体育教師による常勝教育』（日経BP社）という本で紹介していた「ルーチンチェックシート」です。当社では全社員に義務付けています。

やることは簡単で、習慣化したいことを書きこみ、毎日寝る前に点数を書き込むだけ。その平均点を毎週計算しておけばどんなDOでもKDI化でき、成果を可視化できるのです。

感覚値になりますが、ここで嘘をついても仕方ありません。大事なことは現状を常に可視化することであり、「明らかにできていないこと」を「明らかに定着したこと」にしていくことなのです。

ルーチンチェックシートを継続するために

ただ、このチェックシート自体を続けられないという事態も当然考えられます。

それを防ぐために私は毎晩10時と11時半の2回、「チェックシート記入」というアラートが出る設定にしてあります。また、チェックシート自体、スマホのカバーに必ず収納していますが、これも「シートが見つからない↓やる気が落ちる↓サボる」という最悪の展開を回避するためです。

ただ、以前、チェックシートを記入しないまま布団に入った後にアラートが出て、手元にペンがなかったせいで「明日の朝やればいいじゃないか」という弱い自分の声に負けそうになったことがあります。

それからというもの、私の枕元には必ずペンを常備するようにしています。

ルーチンチェックシートの活用

ルーチンチェックシート

＿＿ヶ月後にどんな状態になっていたいか？：	現在の自分はそれに対してどのような状態か？：

＊ 毎日、当日の就寝前 or 翌日の起床後にチェックして下さい。
＊ ◎：凄く出来た（3点） ○：出来た（2点） △：やや出来た（1点） ✕：出来なかった（0点）

PDCA 対象／目的	日付	1	2	3	4	5	6	7	8	9	10	11	12	13	14	15	16	17	18	19	20	21	22	23	24	25	26	27	28	29	30	31	合計
	曜日																																
1																																	
2																																	
3																																	
4																																	
5																																	
6																																	
7																																	
8																																	
9																																	
10																																	
小計（点数の合計）																																	

継続6

心理的ハードルをいかに下げるか

導線を減らす

何かを継続したいなら、そこに至る導線を減らすことを意識すると効果的です。やるべきことが「より身近」にあればあるほど心理的な障壁がなくなるからです。もし健康維持のためにジム通いを続けたいなら思い切ってジムの近くに引っ越すというのも手です。

私の場合、英語を勉強していた時は日常的に英語と接するためにOSの設定を英語にしていました。また、メモの習慣を続けるために筆記用具は会社のデスク用、カバン用、自宅の書斎用、寝室用の4セット買っています。さらに最近では入浴中でも仕事ができるようにiPadの防水ケースも買いました。

「生活習慣の中にビルドインする方法はないか?」「言い訳をなくす方法はないか?」という視点で対策を考えてみましょう。

小さなことから始める

大きな課題にいきなり取り組もうとしてそれが心理的な負担となり、挫折してしまう人も多いでしょう。壮大なゴールを設定することはいいことですが、再三言っているように実際に取り組む時は因数分解でできるだけピースを小さくすることがコツです。「これくらいだったらできそうかな」ということから始めましょう。

プロセスを楽しむ

PDCAを修行だと思ってしまうとストレスが溜まる一方です。そのプロセスをいかに楽しむか、という視点もとても重要です。

おすすめはアイテムから入ること。

私は書き心地の良い文房具、打感のいいキーボード、座り心地のいい椅子、サクサク動くパソコンなどにはお金を惜しまないようにしています。

実行の心理的なハードルをさげるためのポイント

● 導線を減らす（生活にビルドイン）

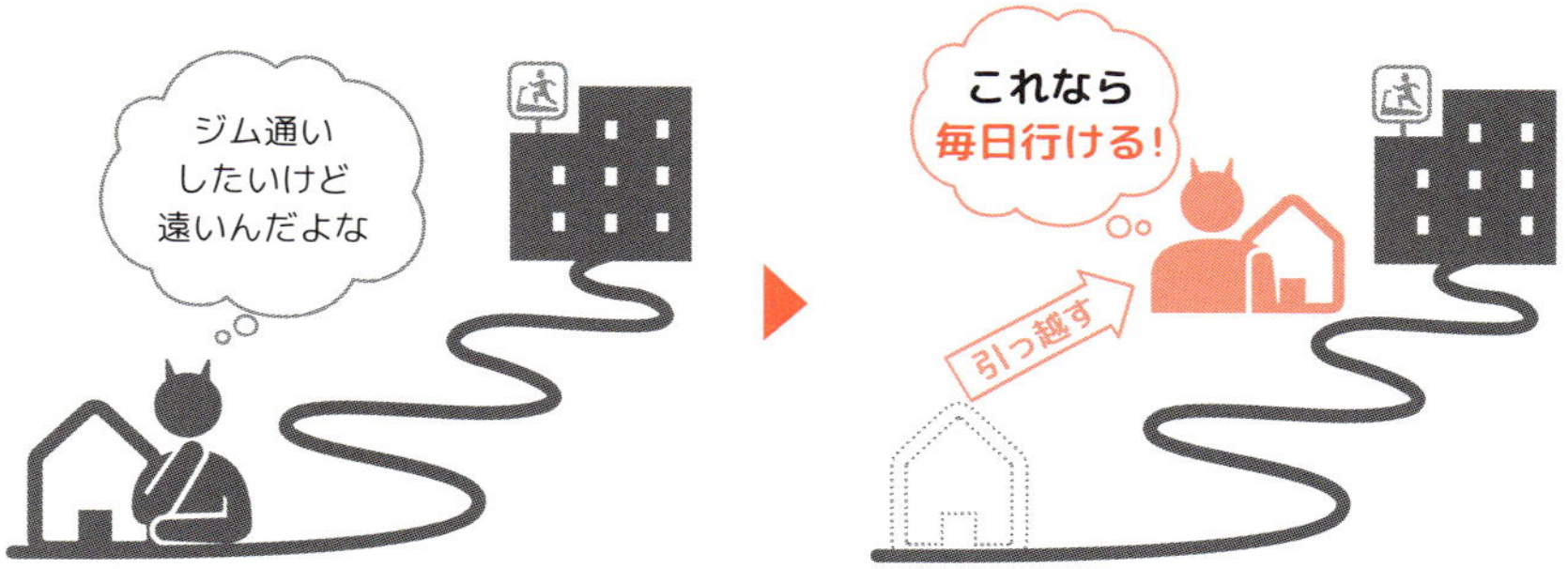

● 小さなことから始める

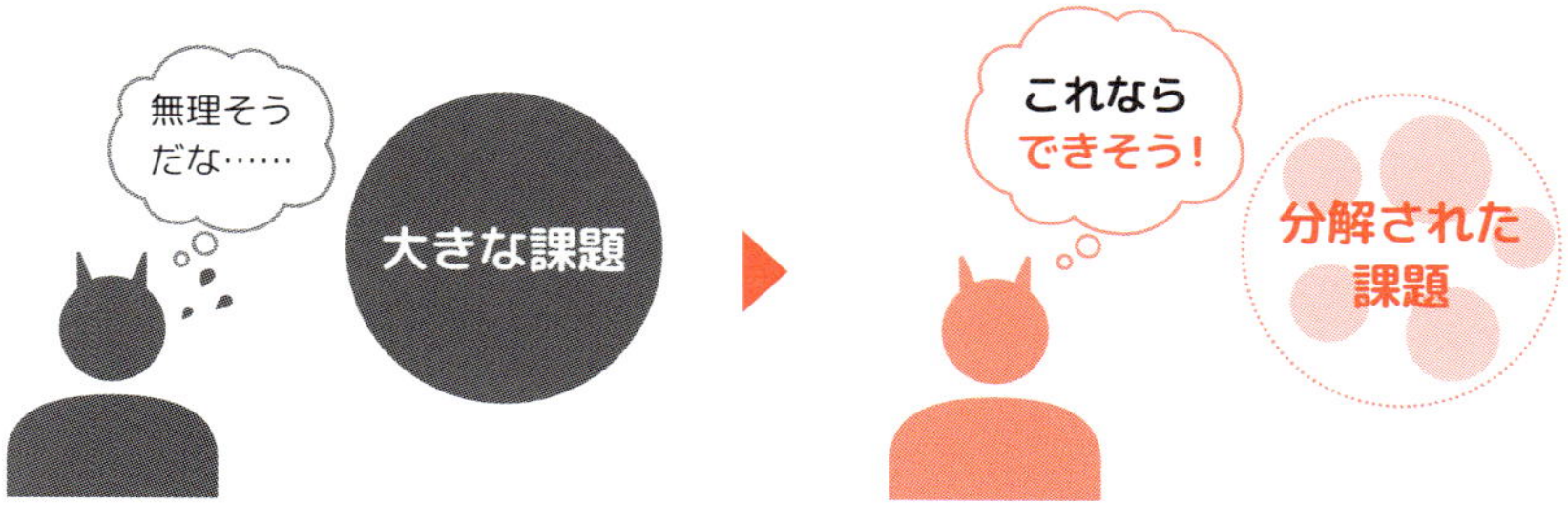

● プロセスを楽しむ

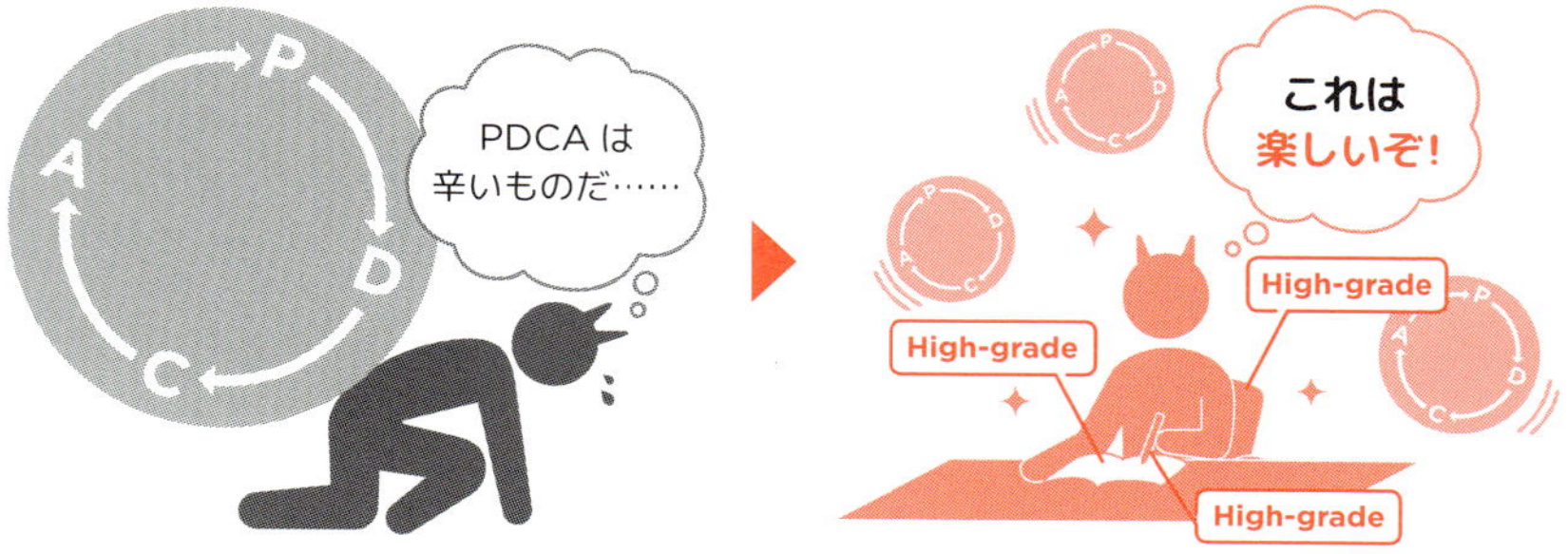

継続 7

集中できる環境にこだわる

PDCA自体が非緊急領域

重要・非緊急領域ほどなかなか手が付かないものですが、冷静に考えてみるとPDCAを回すという行為自体、重要・非緊急領域です。

なんとなく前に進んでいるようなものを改善したり、伸長したりするPDCAであれば、正直やらなくても罪悪感は薄いでしょう。緊張感が維持しづらいのでスマホが気になったり、急に机の掃除をしたくなったりして、中途半端な結果に終わりやすいのです。

これでは「PDCAを回してよかったな」と思えるような成果は出せません。

重要・非緊急ほど集中できる環境にこだわる

だからこそ私は計画を練るときや振り返りをするときは集中できる環境にこだわります。

直接的に割り込んでくるスマホの不要な通知を切るのは基本中の基本。スマホ自体もカバンにしまってしまいます。

また脳のワーキングメモリをできるだけ分散させないように、視覚情報や聴覚情報の遮断にもこだわります。例えばブラウザで作業をするときに不要なタブが開いているだけで人の意識は拡散してしまうものなのです。

50分集中、8分休憩のサイクル

最近、私の中で重宝しているのが『Be Focused』というアプリです。私は自分の集中タイムを50分単位にしていて、それが終わると8分休憩を入れるのがベストだと思っているのですが、その時間管理をしてくれます。ただしスマホ版だとスマホ自体が誘惑になるので、使うのはPC版だけ。紙ベースで作業する時はタニタのキッチンタイマーを使っています。かなりおすすめです。

集中できる環境づくりのヒント

直接的な「邪魔」をなくす

- アプリの通知は基本オフ（通知を残しているのは社内用のチャットアプリのみ）
- PCで集中したいときはWi-Fiを切る
- 腹八分目に止める（睡魔防止）

雑音・雑念を減らす

- 机とデスクトップの整理整頓
- ノイズキャンセリング機能の活用（移動用とデスク用に専用イヤホンを２つ準備）
- 不要なウィンドウやブラウザのタブは閉じる
- SNSへの投稿は最小限に止める（いいね！の数やコメントが気になるため）
- 続きが気になるコンテンツ（ウェブ記事、漫画など）を読まない

さらに集中力を高める

- キッチンタイマーやアプリを使い「50分集中＆８分休憩」を繰り返す
- 下を向いて作業する（紙に書く、もしくはiPadを机に置いて資料を読む）
- 休憩の際に、深呼吸やストレッチで血流をよくする
- 眠気の原因となるような食事（消化に悪いものや糖質が多いもの）はコントロールする
- 海や山の静かなホテルで一人合宿する

継続 8

シンプルなルールを決める

PDCAを回す行為は決断と自制の繰り返しでもあるので、慣れないうちは色々と迷う場面もあるでしょう。

迷いが出ると、どうしても集中力が途切れたりやる気が失せたりしやすいものです。

鬼速PDCAのフレームワークが異常なほど細かい決まりごとを設けているのも、私が日頃PDCAを回すときにできるだけ迷いをなくすために、どんどんルールを決めていった結果でもあるのです。

ただ、問題なのは個人的なレベルで判断を迫られる時です。例えば「インプットの時間を確保するためにプライベートな飲み会を減らそう」という解決案を考えたときに、「どれくらいが適量なのか？」ということを言語化できないと判断がブレます。ブレてしまうとだんだんその判断がおざなりになってきて、気がついたら改善になっていないという事態もよくおきます。

そんな時に使うのも仮説です。

「プライベートに近い飲み会は月2回まで！」といったように（これは私のルールです）**とりあえずマイルールを決めてしまうのです。**

一度決めてしまえば躊躇なく飲み会が断れます。そしてその仮説で立てた数は、振り返りをしたときに調整すればいいのです。

マイルールの一例

- メールは1日3回しかチェックしない
- 朝一番に、1日にやるべきことを細かく決める。決めたことが終わるまでは他のことに何も手をつけない（一番頭がフレッシュな朝のタイミングで全て決める）
- 翌朝の食事や着る服の準備などの単純作業は夜にまとめて行う（朝の方が夜よりはるかに集中力が高いため）

継続 9

まずは体験してみる！「10分間ＰＤＣＡ」

いよいよ本書も最後のコンテンツになりました。最後に紹介するのはたった10分でＰＤＣＡが体験できる「10分間ＰＤＣＡ」というワークです。

ここまで読み進んで鬼速ＰＤＣＡのフレームワークはなんとなく掴んでいただいたと思いますが、今後、実際に継続していくにはその威力に気づいていただくことが一番です。

10分間 ＰＤＣＡ の流れ

1 なんでもいいので達成したいゴールを決めます。まずは3ヶ月くらい先の目標だとちょうどいいかもしれません。

2 そのゴールに辿りつくまでのルートを考え、そこにそびえ立つであろう様々な課題をひたすら書きます。

3 その課題の中から「もっともインパクトがありそうな課題」を3つ選びます。

4 絞り込んだ課題に対する解決案をできるだけ多く考えます。

5 その解決案の中から「最もインパクトがありそうな解決案」を4つ選びます。

6 絞り込んだ解決案をタスクに変換します。期日と手段、つまり「いつまでに具体的に何をするか」を決めてください。

7 そのタスクをご自身の手帳などに書き込んでください。

以上です。ここでやっていることはＰＤＣＡサイクルのうちのＰとＤの前半まで。因子の抽出や仮説立て、ＤＯのＴＯＤＯ化など、あとは鬼速ＰＤＣＡの実行と振り返りをするだけです。

10分間 PDCA 記入例

1 ゴール設定をする

3ヶ月後に飲食店の来店者数を2倍にする

2 課題を考える

【制限時間 3 分】

ゴールを実現するにあたって考えられる課題をできるだけ多く書き出してください。（目安：7個以上）

- 認知度が低い
- 適切な価格設定がわからない
- 地元の食材のよさを伝え切れていない
- オペレーションが間に合わないかも
- 看板商品のインパクトが弱い
- 駅から遠いので足を運ぶ動機が薄い
- 常連客からの口コミ波及が少ない
- 繁盛店になったら常連客が離れるかもしれない

3 課題の絞り込み

【制限時間 30 秒】

上で書き出した課題のなかから「もっともインパクトがありそうなもの」を3つ選んで丸をしてください。

- ○ **認知度が低い**
- ○ **適切な価格設定がわからない**
- 地元の食材のよさを伝え切れていない
- オペレーションが間に合わないかも
- ○ **看板商品のインパクトが弱い**
- 駅から遠いので足を運ぶ動機が薄い
- 常連客からの口コミ波及が少ない
- 繁盛店になったら常連客が離れるかもしれない

4 解決案を考える

【制限時間 3 分】

3つに絞った課題を解決する方法を書き出してください。課題ごとに分けて書き出す必要はありません。（目安：10個以上）

- 看板商品を新たにつくる
- 地元のグルメに詳しいブロガーさんを招待して試食してもらう
- HP を作る
- フェイスブックページを作る
- お店の看板を目立つものに変える
- 地元の食材の良さを発信するブログを作る
- 地元の商工会に相談する
- チラシをつくって地元でポスティング
- YouTube 活用
- 他の宣伝手段をネットで調べる

5 解決案の絞り込み
【制限時間 30 秒】

上で書き出した解決案のなかから「もっともインパクトがありそうなもの」を４つ選んで丸をしてください。

- **○看板商品を新たにつくる**
- ● 地元のグルメに詳しいブロガーさんを招待して試食してもらう
- ○ HP を作る
- **○フェイスブックページを作る**
- ● お店の看板を目立つものに変える
- **○地元の食材の良さを発信するブログを作る**
- ● 地元の商工会に相談する
- ● チラシをつくって地元でポスティング
- ● YouTube 活用
- ● 他の宣伝手段をネットで調べる

6 タスク化
【制限時間 2 分】

４つに絞った解決案について「手段（どうやるか）」と「期日（いつまでにやるか）」を決めてください。

- ● 1 週間で構想を練り 2 週間で試作品をつくり、関係者を集めて試食会をする。関係者にはこのあとメールを送ってスケジュールを空けてもらう
- ● 今日中に HP 制作をしている友人に連絡をし、1 週間以内に打ち合わせをする
- ● 今週中に繁盛店のフェイスブックページを最低 50 件分は研究し、来週中に開設する
- ● 明日、本屋でブログ開設のノウハウ本を 2、3 冊買う。食材については地元の農協の A さんと今週末飲むときに相談する

7 見える化
【制限時間 1 分】

上で決めたタスクをスケジュール帳に書き写してください。

（複数人でのワークの場合は、隣の人とシェアしてください）

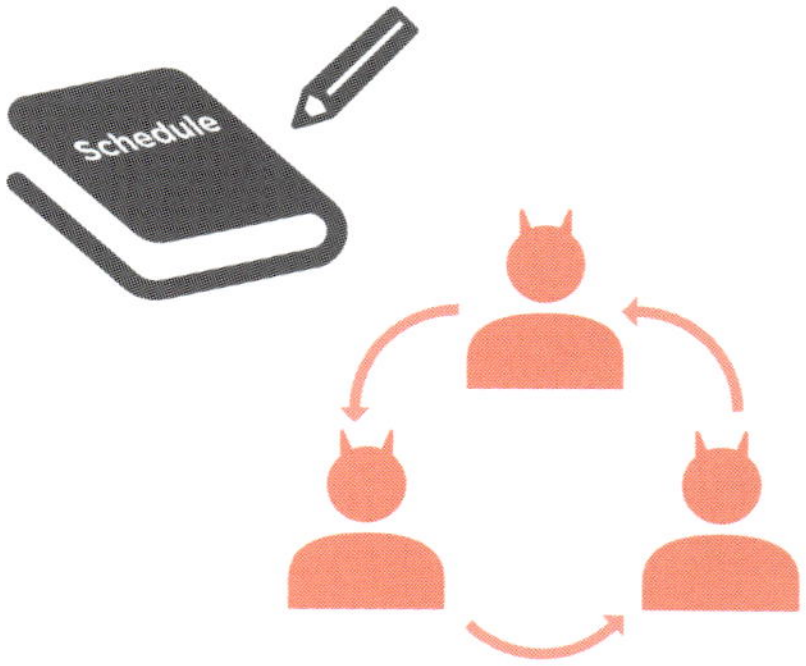

図でよくわかる！ 鬼速でPDCAを回す必要条件

最後に、これまで説明してきたPDCAを「鬼速で」回すポイントを10個に整理します。

❶ 因数分解で精度の高い仮説を立てる P. 41
計画時の因数分解が、早期のボトルネック発見や課題の見落とし防止につながる

❷ 仮説思考、リーン思考で動く P. 16
情報が足りないなら、とりあえず失敗してもいいのでやってみるという意識を持つ

❸インパクトの大きい課題、行動から着手する P. 30
もっとも効果的な課題（最重要KPI）やDOから手をつけていれば、仮に手一杯になって計画通りにタスクがすべてこなせなくても前に進むため、優先度づけの手間を惜しまないようにする

❹行動のアイデアが湧いたらすぐにタスク化する P. 58
DOを思いついたら反射的にTODO化する習慣を身につければ、実行フェーズが速くなる

❺行動目標も必ず数値化 P. 66
結果を直接コントロールしようとせず、行動を徹底的にコントロールするために、検証頻度に合わせた行動目標（KDI）を必ず立てる

❻ TODOの進捗管理は毎日行う P. 72
TODOレベルの進捗把握と調整は検証フェーズに持ち越さない

❼ こまめに検証を行う P. 85
KGI、KPI、KDIそれぞれに適した最短サイクルで検証を行い、無駄な努力を減らす

❽要因分析時は「思い込み」を外す P. 90
想定通りにいかないときこそ仮説を疑う。
本当の課題は思考を今の状態より縦か横にストレッチしないと見えてこない

❾次のサイクルに迅速につなげる P. 104
計画の変更が必要なら即会議を開く。改善策レベルの調整でいいならその場でタスク化し、次のサイクルにつなげるときのタイムラグを減らす

❿小さいPDCAを同時に多く回す P. 20
大きなPDCAひとつを力ずくで回すより、小PDCAを並行して回したほうが結果は早く出る

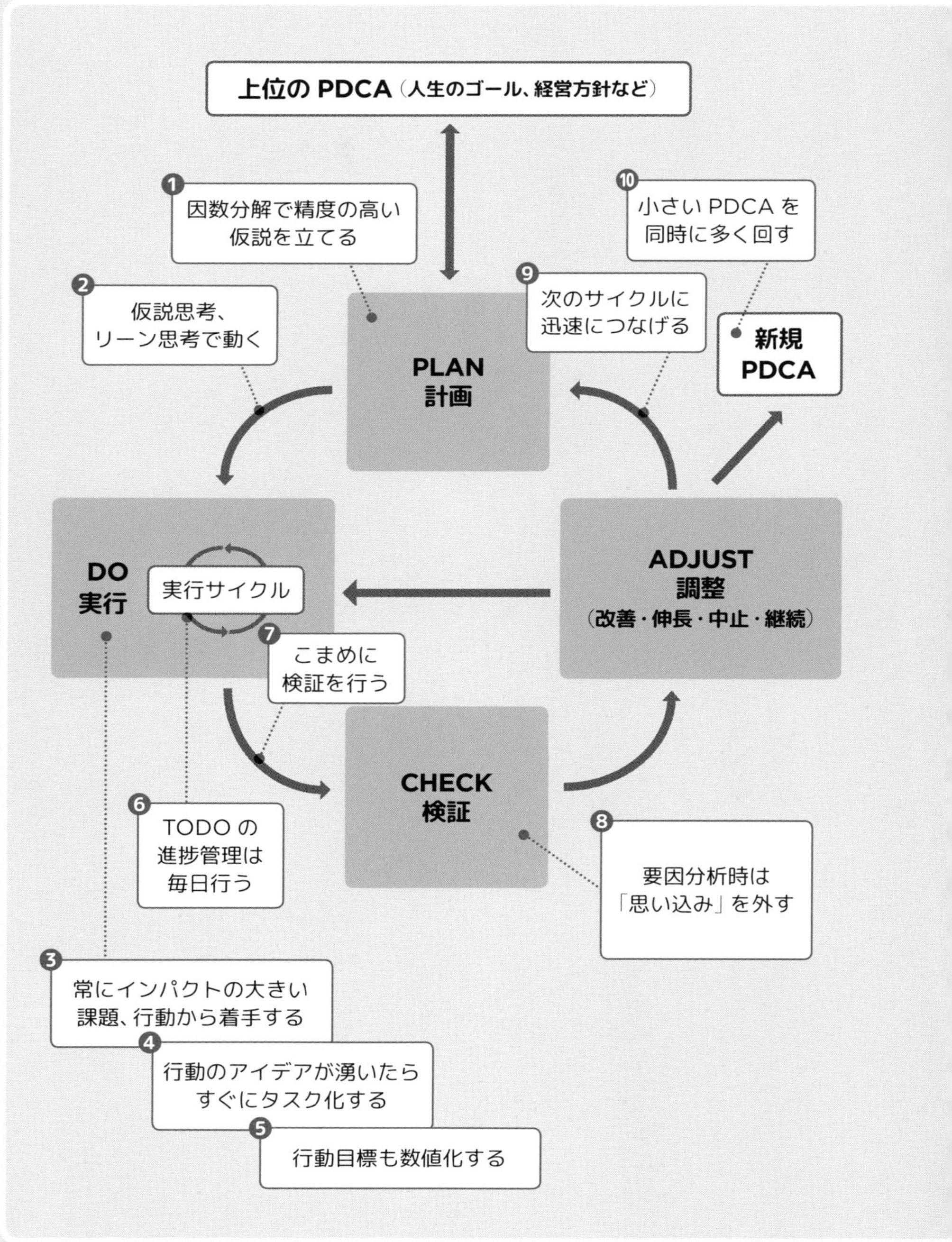
上位の PDCA（人生のゴール、経営方針など）
❶ 因数分解で精度の高い仮説を立てる
❷ 仮説思考、リーン思考で動く
PLAN 計画
❿ 小さい PDCA を同時に多く回す
❾ 次のサイクルに迅速につなげる
新規 PDCA
DO 実行
実行サイクル
ADJUST 調整（改善・伸長・中止・継続）
❼ こまめに検証を行う
CHECK 検証
❻ TODO の進捗管理は毎日行う
❽ 要因分析時は「思い込み」を外す
❸ 常にインパクトの大きい課題、行動から着手する
❹ 行動のアイデアが湧いたらすぐにタスク化する
❺ 行動目標も数値化する

おわりに

「もっと効率よくできないか？」
「もっと精度を上げられないか？」
「もっと鬼速で結果を出せないか？」

私の思考はいつも「もっと」からはじまります。

ある課題が解決できたら新しい課題を見つける。物事が順調に推移していたとしても、本当にそれがベストなのか疑う。

もちろん、それで手一杯になると逆に効率が落ちるので、常にインパクトの大きそうなものから着手することを心がけていますが、「現状に満足しない」というスタンスはもはや思考の癖です。

『鬼速ＰＤＣＡ』の図解版にあたる本書は文字数の関係上、内容を絞る必要があり、最終的にはＰＤＣＡサイクルを実際に回す時の「手順」をしっかり解説することを意識して構成しました。

しかし、手順はわかっても「何を対象にＰＤＣＡを回すのか？」「どれくらいの頻度で回すのか？」「いくつ同時に回すのか？」といった領域は、読者の皆様の課題意識や目標達成に向けた本気度によって変わってきます。

継続力の章の中で「PDCAを回すこと自体が重要・非緊急領域である」と書いた通り、現状のままでも一応は機能しているものを改善していくと、作業はどうしても雑に、もしくは後回しになりやすいからです。

よって、この本が皆様の仕事やプライベートでの目標達成にどれだけお役に立てるかどうかは、心の底から湧き出る「もっと」という超前のめりのマインドをどれだけ持てるかにかかっていると思います。

では、現状になんとなく甘んじてしまう傾向の強い人はどうしたらいいか？

それは一度でもいいので、小さなテーマのPDCAを、本書で解説したくらいの細かい精度と手順で本気で回してみて、その結果、「状況がどう変わったか」「自分がどれくらい成長できたか」についても振り返りをしてみることだと思います。PDCAを回すことによって得られる効果を信用できないと、なかなか前のめりにはなれないからです。

その点、私はPDCAの熱狂的な信者です。PDCAとの付き合いは証券会社に入社して営業職に配属されたときからはじまりましたが、成果を実感するたびに私のPDCAに対する依存度は高まっていきました。

さらにそこに仮説思考やリーン思考が融合された結果、鬼速PDCAは単なる仕事のフレームワークにとどまらず、私に「究極の前向き思考」を与えてくれました。私は今後も鬼速

ＰＤＣＡの力を借りながら、歩みを止めない人生を思いっきり楽しんでいきたいと思います。

さて、２０１３年に証券会社を退職してひとりでひっそりと立ち上げたＺＵＵが、２０１８年６月、東証マザーズに上場します（この本の初版が店頭に並ぶころには上場しているはずです）。

この５年間というのは、個人で取り組んできた鬼速ＰＤＣＡの手法や哲学を、組織運営にどう落とし込めるか、そして組織文化としてどう浸透させられるかという新たなチャレンジをしてきた期間でもありました（２０１６年に発売された『鬼速ＰＤＣＡ』も、もともとは社内教育用に私の知見を体系化したいという思いからはじまったものです）。

いろいろ試行錯誤をしてきましたが、上場を前に、登り続けてきた道をふと振り返ってみると、「あの頃と比べると、ずいぶん高い所まで来たんだな」と感じているところです。

ただし、「超前向き思考」なので満足はまったくしていません。そもそも私たちは時価総額１００兆円を超える圧倒的世界一の企業を目指しているので、今回の上場はその中間点にすぎないのです。上場とはエンジンをガソリン式からジェット式に積み替えるようなもの。鬼速ＰＤＣＡの真骨頂を皆様にお見せできるのは、むしろここからが本番だと肝に命じています。

２０１８年６月吉日

冨田和成

付録

鬼速PDCAツール

以下のURLから本書で紹介したPDCAに役立つツールをダウンロードできます。

- 工数棚卸しシート
- 鬼速進捗管理シート
- なるほどシート
- ルーチンチェックシート
- 10分間PDCA

http://cm-publishing.co.jp/onisoku

【著者略歴】

冨田和成（とみた・かずまさ）

株式会社 ZUU 代表取締役。

神奈川県出身。一橋大学在学中に IT 分野で起業。2006 年大学卒業後、野村證券株式会社に入社。本社の富裕層向けプライベートバンキング業務、ASEAN 地域の経営戦略担当等に従事。2013 年 3 月に野村證券を退職。同年 4 月に株式会社 ZUU を設立し代表取締役に就任。月間 400 万人超を集める金融経済メディア「ZUU online」や「DAILY ANDS」など資産運用の総合プラットフォーム運営、フィンテック推進支援を行う。2016-2017 年度監査法人トーマツ主催「日本テクノロジー Fast50」にて 2 年連続上位受賞。2018 年 6 月、設立約 5 年で東京証券取引所マザーズ市場に上場。著書に『大富豪が実践しているお金の哲学』『鬼速 PDCA』『営業 野村證券伝説の営業マンの「仮説思考」とノウハウのすべて』（クロスメディア・パブリッシング）、『プライベートバンクは、富裕層に何を教えているのか？』（ダイヤモンド社）、最新刊『稼ぐ人が実践しているお金の PDCA』（KADOKAWA）等。

twitter @tomitaZUU

図《ず》解《かい》　鬼《おに》速《そく》 PDCA

2018 年 7 月 1 日 初版発行

2024 年 9 月 6 日 第 12 刷発行

発行 **株式会社クロスメディア・パブリッシング**

発行者 小早川 幸一郎

〒151-0051 東京都渋谷区千駄ヶ谷 4-20-3 東栄神宮外苑ビル

http://www.cm-publishing.co.jp

■本の内容に関するお問い合わせ先 …………………… TEL (03)5413-3140 ／ FAX (03)5413-3141

発売 **株式会社インプレス**

〒101-0051 東京都千代田区神田神保町一丁目 105 番地

■乱丁本・落丁本などのお問い合わせ先 …………………… FAX (03)6837-5023

service@impress.co.jp

※古書店で購入されたものについてはお取り替えできません

カバーデザイン 金澤浩二（cmD）

本文・図版デザイン 安賀裕子

編集協力 郷和貴

印刷・製本 中央精版印刷株式会社

ISBN 978-4-295-40201-5 C2034